Irvin D. Yalom
& Marilyn Yalom

Uma questão de vida e morte

Amor, perda e o que realmente importa no final

Tradução
Fernanda Mello

PAIDÓS

Copyright © Irvin D. Yalom e Marilyn Yalom, 2021
Copyright © Editora Planeta do Brasil, 2021
Copyright da tradução © Fernanda Mello
Todos os direitos reservados.
Título original: *A Matter of Death and Life*

Preparação: Vanessa Almeida
Revisão: Fernanda França e Nine Editorial
Diagramação: Márcia Matos
Capa: Estúdio Passeio

Dados Internacionais de Catalogação na Publicação (CIP)
Angélica Ilacqua CRB-8/7057

Yalom, Irvin D.
    Uma questão de vida e morte / Irvin D. Yalom, Marilyn Yalom; tradução de Fernanda Mello. – São Paulo: Planeta, 2021.
    208 p.

ISBN 978-65-5535-519-2
Título original: A Matter of Death and Life

1. Câncer - Pacientes - Biografia I. Título II. Yalom, Marilyn III. Mello, Fernanda
21-3702   CDD 926.16994

Índice para catálogo sistemático:
1. Luto - Perda - Biografia

Ao escolher este livro, você está apoiando o manejo responsável das florestas do mundo

2021
Todos os direitos desta edição reservados à
EDITORA PLANETA DO BRASIL LTDA.
Rua Bela Cintra, 986 – 4º andar
01415-002 – Consolação
São Paulo-SP
www.planetadelivros.com.br
faleconosco@editoraplaneta.com.br

SUMÁRIO

Prefácio à edição brasileira — 7

Prefácio — 11

Capítulo 1 - A caixa vital — 17

Capítulo 2 - Tornando-se uma incapacitada — 25

Capítulo 3 - Consciência do desvanecimento — 33

Capítulo 4 - Por que não nos mudamos para uma casa de repouso? — 39

Capítulo 5 - Aposentadoria: o momento exato da decisão — 45

Capítulo 6 - Contratempos e esperanças renovadas — 51

Capítulo 7 - *De olhos fixos no Sol*, mais uma vez — 57

Capítulo 8 - Afinal, de quem é a morte? — 67

Capítulo 9 - Enfrentando o fim — 71

Capítulo 10 - Considerando a morte assistida — 77

Capítulo 11 - Uma tensa contagem regressiva até quinta — 81

Capítulo 12 - Uma completa surpresa — 87

Capítulo 13 - Então, agora você sabe — 91

Capítulo 14 - Sentença de morte — 99

Capítulo 15 - Adeus à quimioterapia – e à esperança — 103

Capítulo 16 - Dos cuidados paliativos à casa de repouso — 105

Capítulo 17 - Casa de repouso e cuidados paliativos — 113

Capítulo 18 - Uma doce ilusão — 117

Capítulo 19 - Livros franceses — 119

Capítulo 20 - As abordagens finais — 123

Capítulo 21 - **A morte chega** — 127

Capítulo 22 - **A experiência do pós-morte** — 131

Nós lembraremos — 137

Capítulo 23 - **A vida como um adulto independente e sozinho** — 145

Capítulo 24 - **Sozinho em casa** — 151

Capítulo 25 - **Sexo e luto** — 155

Capítulo 26 - **Irrealidade** — 159

Capítulo 27 - **Entorpecimento** — 165

Capítulo 28 - **Ajuda de Schopenhauer** — 169

Capítulo 29 - **Negação revelada** — 173

Capítulo 30 - **Saindo de casa** — 177

Capítulo 31 - **Indecisão** — 183

Capítulo 32 - **Sobre ler meu próprio trabalho** — 185

Capítulo 33 - **Sete lições avançadas na terapia do luto** — 189

Capítulo 34 - **Minha formação continua** — 193

Capítulo 35 - **Querida Marilyn** — 197

*O luto é o preço que pagamos
por ter coragem de amar os outros.*

PREFÁCIO À EDIÇÃO BRASILEIRA

O livro que você tem nas mãos é uma semente. Ele contém a vida inteira em si. Enquanto você estiver diante destas páginas, e por algum tempo ainda, será possível assistir ao nascimento de brotos de consciência em seus olhos. A visão, esta ilusão sempre enturvecida para aquilo que nos assombra, receberá o alento de poder, enfim, descansar de suas negações. Passamos a vida inteira negando que vamos morrer, mas ainda assim inevitavelmente nos angustiamos nos momentos em que nos lembramos daquilo que fazemos tanto esforço para esquecer. O grande paradoxo da existência é finalmente compreendido quando, enfim, despertamos para a vida justamente porque a morte nos alerta que não temos todo o tempo do mundo. E é neste despertar que encontramos, finalmente, algum sentido mais profundo para existir. Encontrar a morte é encontrar-se em vida. Viver a morte é entender que há mortes a serem transpostas em uma vida menos autêntica, para assim construir dias mais conectados com quem de fato somos e queremos ser. A morte é semente, e ela carrega toda a vida possível e ainda não percebida em cada um de nós. E esta história será capaz de germinar sensações que lhe parecerão inacreditáveis, porque serão o encontro do mais alastrado vazio com o mais profundo chão.

A história de Marilyn e Irvin conta sobre o encontro derradeiro com a morte, que chega para separar um casal que viveu sessenta e cinco anos juntos. Numa atitude coerente com a grandeza de uma vida íntegra, esse casal decide que o último ato amoroso que farão será a escritura das memórias dessa despedida. Ela, uma historiadora e pesquisadora feminista; ele, um dos maiores autores vivos das ciências psi, autor revolucionário do Humanismo, best-seller internacional de seus livros de crônicas e romances. Uma grande parte da potência desta narrativa vem da intimidade que ambos já tinham desenvolvido com a palavra escrita e com a necessidade dela existir como instrumento de transformação a serviço da vida. Suas biografias profissionais fizeram com que tomassem a palavra nas mãos e escrevessem obras que propunham novas formas de perceber o humano. Aqui, usam essa habilidade extraordinária para sentir, descrever e desvelar para, finalmente, colocar incontáveis palavras na experiência dilacerante que parece somente deixar-nos em profundo silêncio.

O maior mérito deste livro é a verdade desconcertante com que eles escrevem sobre a proximidade da morte e a experiência do luto subsequente. A primeira parte do livro acontece com capítulos que intercalam um e outro absorvendo a verdade mais inconveniente de suas vidas: Marilyn está morrendo. Iniciamos conhecendo o diagnóstico terminal de câncer dela, que abre uma fenda no tempo e convida-a a repensar como não lhe resta tanto para inventar o que ainda seria uma boa vida. Diante do desespero inevitável com as dores físicas que só pioram, ela consegue encontrar espaço para a lucidez mais surpreendente sobre os processos do morrer, da chegada da morte e do que será a vida daqueles que a amam depois de sua partida. Enquanto isso, Irvin, que passou décadas teorizando, escrevendo e prestando assistência aos dilemas existenciais, se vê reduzido à mais comum das condições humanas, sentindo o desespero, a negação, a confusão mental e emocional tomar-lhe de assalto, como se nada soubesse sobre tudo o que imaginava conhecer. A vida não é teoria nem tampouco se completa como consciência enquanto não atravessa cada uma de nossas células; é só quando um fenômeno nos visceraliza é que o conheceremos derradeiramente.

Durante essa primeira metade, já estamos vinculados aos dois de uma maneira indelével, mesmo que você não tenha conhecido um ou outro anteriormente. Quando ela morre, no meio do livro, sentimos o lamento fúnebre como se a conhecêssemos. A vontade é estar ao lado de Irving, abraçá-lo, dar-lhe os ombros para que choremos juntos a partida de sua companheira de vida. Isto fatalmente lhe acontecerá, ainda que você não seja como eu, um admirador há décadas da criatividade, brilho intenso e capacidade de Irvin dizer o que ninguém havia dito até então. A segunda parte da narrativa é a inquietante jornada dele em torno do vazio, dando voltas em torno da solidão, da saudade, das perdas do envelhecimento e da aproximação da própria morte.

Você pode estar se perguntando: como assim um prefácio que conta tantos spoilers sobre o livro? Acredite, você não sabe de nada com tudo isso que já contei. O mais impressionante deste livro é a forma como essas reflexões sobre a morte saem dos corações partidos de Marilyn e Irvin, e chegam até nós como uma descoberta de arregalar olhos sobre o que pensa, o que sente e o que consegue finalmente fazer alguém que se prepara para a morte ou que precisa continuar vivo depois da partida de alguém que levou uma parte tão grandiosa de si. Com a morte não há acordos, somente a possibilidade de entender o que ela fez conosco todas as vezes em que testemunhamos sua passagem, levando alguém amado e deixando aquele rastro amargo de saudade, de subtração de uma parte abissal em nós e da total incerteza sobre como seguir e como construir um futuro no solo árido do desespero.

Este livro não se enquadra em nenhuma definição. Ele é como a morte e a vida, muito mais do que as palavras possam tentar descrever. Por isso demorei tanto para produzir este prefácio, e continuarei sempre com a sensação de que ele não será digno de retratar a grandeza do que ele pretende dar a conhecer. Talvez uma das maiores honrarias de toda a minha carreira como psicólogo e escritor até aqui tenha sido a beleza de poder falar de "Uma questão de vida e morte" antes de ela ser lida por você. Por isso, eu me ajoelho de alma e coração em reverência a esses dois gigantes da humanidade possível. Obrigado, Marilyn e Irvin, por entregarem para o mundo simplesmente o que puderam ser e sentir, e por isso mesmo, conseguiram encontrar a única forma de nos ensinar o que é morrer ou construir uma vida em estado de profundo enlutamento. A história de vocês é semente em mim e em cada uma e um de nós que, mundo afora, temos este livro em mãos. Por meio de tão imensa verdade, descobrimos que a vida é mesmo o encontro com a inevitável surpresa, com a ausência que tudo floresce, com a saudade que faz futuros existirem, com o sabor e a textura do eterno que se desfaz como vento suave em um momento qualquer.

Alexandre Coimbra Amaral,
psicólogo e escritor

PREFÁCIO

Depois da pós-graduação na Johns Hopkins, onde concluí a residência em psiquiatria e Marilyn obteve o Ph.D. em literatura comparada (francesa e alemã), embarcamos em nossas carreiras acadêmicas. Sempre fomos os primeiros leitores e editores um do outro. Após escrever meu primeiro livro, um volume didático sobre terapia de grupo, recebi uma bolsa de redação da Fundação Rockefeller no Bellagio Writing Center, na Itália, para trabalhar no livro seguinte, *O carrasco do amor e outras histórias de psicoterapia*. Pouco depois de chegarmos, Marilyn me falou sobre seu interesse crescente em escrever a respeito das memórias das mulheres da Revolução Francesa, e concordei que ela tinha um vasto e excelente material para um livro. Todos os bolsistas da Rockefeller receberam um apartamento e um estúdio de redação, e a incentivei a perguntar ao diretor se ela também poderia ter um estúdio. O diretor respondeu que um estúdio para a esposa de um bolsista era um pedido incomum, e todos os estúdios da estrutura principal já estavam reservados. No entanto, após alguns instantes de reflexão, ofereceu a Marilyn um estúdio vago em uma casa na árvore que ficava no bosque adjacente, a apenas cinco minutos a pé. Encantada, Marilyn começou a trabalhar avidamente em seu primeiro livro, *Compelled to Witness: Women's Memoirs of the French Revolution* (Convencida a testemunhar: memórias das mulheres da Revolução Francesa). Ela nunca foi tão feliz. Dali em diante, éramos colegas escritores e, pelo resto da vida, apesar dos quatro filhos e dos cargos administrativos e de ensino em tempo integral, emparelhamos livro a livro.

Em 2019, Marilyn foi diagnosticada com mieloma múltiplo, um câncer das células plasmáticas (glóbulos brancos produtores de anticorpos encontrados na medula óssea). Ela iniciou a quimioterapia com Revlimid, o que desencadeou um derrame, levando-a ao pronto-socorro e a quatro dias de internação. Duas semanas após voltar para casa, fizemos um breve passeio no parque que fica a apenas um quarteirão, e Marilyn falou:

— Tenho pensado em um livro que devemos escrever juntos. Quero documentar os dias e meses difíceis que temos pela frente. Talvez nossas provações sejam de alguma utilidade para outros casais com um membro enfrentando uma doença fatal.

Marilyn costumava sugerir tópicos para livros que ela ou eu deveríamos escrever, e respondi:

— É uma boa ideia, querida, algo em que você deveria mergulhar. A ideia de um projeto conjunto é sedutora, mas, como você sabe, já comecei a escrever um livro de histórias.

— Ah, não, não, você não está escrevendo *aquele* livro. Está escrevendo *este* comigo! Você escreverá seus capítulos e eu escreverei os meus, e eles se alternarão. Será o *nosso* livro, um livro diferente de qualquer outro, porque envolve duas mentes em vez de uma, as reflexões de um casal que está casado há sessenta e cinco anos! Um casal muito feliz por ter um ao outro enquanto percorre a jornada que eventualmente os leva à morte. Você caminhará com seu andador de três rodas e eu, sobre pernas que podem se mover por quinze ou vinte minutos, no máximo.

⁂

Em seu livro de 1980, *Existential Psychotherapy* [Psicoterapia existencial], Irv afirmou que é mais fácil enfrentar a morte se você tiver poucos arrependimentos na vida. Ao relembrar nossa longa vida juntos, lamentamos muito pouco. Mas isso não torna mais fácil tolerar as batalhas corporais que agora vivemos cotidianamente nem ameniza a ideia de nos separarmos. Como podemos lutar contra o desespero? Como podemos viver de forma significativa até o fim?

⁂

Enquanto escrevemos este livro, temos a idade com a qual muitos de nossos contemporâneos morreram. Vivemos cada dia sabendo que nosso tempo juntos é limitado e extremamente precioso. Escrevemos para dar sentido a nossa existência, mesmo quando ela nos joga para as zonas mais sombrias do declínio físico e da morte. Acima de tudo, este livro tem como objetivo nos ajudar a navegar até o fim da vida.

Embora seja obviamente resultado de nossa experiência pessoal, também o vemos como parte de um diálogo nacional sobre preocupações com o fim da vida. Todos desejam obter o melhor atendimento médico disponível, encontrar apoio emocional na família e nos amigos e morrer da forma mais indolor possível. Mesmo com nossas vantagens médicas e sociais, não estamos imunes à dor e ao medo da morte iminente. Como todos, queremos preservar a qualidade da vida que ainda nos resta, mesmo quando precisamos tolerar procedimentos médicos que às vezes nos deixam doentes. Quanto estamos dispostos a suportar para permanecer vivos? Como podemos terminar nossos dias da forma mais indolor possível? Como podemos delicadamente deixar este mundo para a próxima geração?

É quase certo que Marilyn morrerá de sua doença. Juntos, escreveremos este diário do que está por vir na esperança de que nossas experiências e observações forneçam significado e socorro não apenas para nós, mas para nossos leitores.

Irvin D. Yalom   Marilyn Yalom

Uma questão de vida e morte

Abril

CAPÍTULO 1
A CAIXA VITAL

Repetidamente, eu, Irv, me pego passando os dedos no lado esquerdo do peito. No mês passado, recebi nele um novo objeto, uma caixa de metal de 5 × 5 cm implantada por um cirurgião cujo nome e rosto não lembro mais. Tudo começou em uma sessão com uma fisioterapeuta com quem tive contato para me ajudar com meu equilíbrio prejudicado. Enquanto tomava meu pulso no início da sessão, ela se virou para mim de repente e, com uma expressão de choque no rosto, disse:

— Nós estamos indo para o pronto-socorro agora! Sua pulsação está a trinta.

Tentei acalmá-la.

— Está lenta há meses, e sou assintomático.

Minhas palavras tiveram pouco impacto. Ela se recusou a continuar a sessão e me fez prometer que entraria, imediatamente, em contato com meu médico, dr. W., para discutir o assunto.

Três meses antes, em meu exame físico anual, o dr. W. notou minha pulsação lenta e eventualmente irregular e me encaminhou para a clínica de arritmia de Stanford. Eles colaram em meu peito um monitor Holter, que registrou meu batimento cardíaco por um período de duas semanas.

Os resultados mostraram uma pulsação consistentemente lenta, marcada por breves e periódicos episódios de fibrilação atrial. Para me proteger de liberar um coágulo para o cérebro, o dr. W. começou com Eliquis, um anticoagulante. Embora o Eliquis tenha me protegido de um derrame, promoveu uma nova preocupação: tive problemas de equilíbrio por alguns anos, e uma queda grave agora poderia ser letal, porque não há como reverter o anticoagulante e estancar o sangramento.

Quando o dr. W. me examinou duas horas após o encaminhamento da fisioterapeuta, concordou que meu pulso tinha ficado ainda mais lento e providenciou para que eu usasse um Holter mais uma vez para registrar a atividade cardíaca por duas semanas.

Passado esse período, quando o técnico da clínica de arritmia removeu o Holter e enviou a gravação de minha atividade cardíaca ao laboratório para análise, aconteceu outro episódio alarmante, desta vez para Marilyn: estávamos conversando e, de repente, ela não conseguia falar, ficou incapaz de pronunciar uma única palavra. Isso persistiu por cinco minutos. Depois, ao longo dos minutos seguintes, ela recuperou a capacidade de falar aos poucos. Achei que, quase com certeza, ela sofrera um derrame. Marilyn tinha sido diagnosticada com o mieloma múltiplo dois meses antes, e já havia começado com o Revlimid. A medicação pesada poderia ter causado o derrame. Liguei imediatamente para a médica de Marilyn, que estava por perto e correu para a nossa casa. Após um rápido exame, ela chamou uma ambulância para levar Marilyn à emergência.

As horas seguintes na sala de espera da emergência foram as piores que Marilyn e eu já tínhamos experimentado. Os plantonistas solicitaram algumas imagens cerebrais, que confirmaram que realmente havia sofrido um derrame como consequência de um coágulo sanguíneo. Passaram a administrar um medicamento, tPA (ativador do plasminogênio tecidual), para quebrar o coágulo. Infelizmente, uma porcentagem muito pequena de pacientes é alérgica a essa droga, e Marilyn era e quase morreu na sala de emergência. Gradualmente, ela se recuperou sem sequelas e após quatro dias teve alta hospitalar.

Mas o destino prosseguiu. Apenas algumas horas depois de trazer Marilyn do hospital para casa, meu médico me telefonou e disse que os resultados do meu exame cardíaco haviam acabado de chegar e que era essencial que eu implantasse um marca-passo externo em meu tórax. Contei que Marilyn acabara de chegar do hospital e que eu estava totalmente preocupado em atendê-la. Assegurei-lhe de que providenciaria a internação para a cirurgia no início da semana seguinte.

— Não, não, Irv —, respondeu o médico — ouça-me: *não* é opcional. Você *tem* de chegar à emergência *em uma hora* para uma cirurgia de urgência. Seu registro cardíaco de duas semanas mostrou que você teve 3.291 bloqueios atrioventriculares com duração total de um dia e seis horas.

— O que isso significa exatamente? — perguntei. Minha última aula de fisiologia cardíaca tinha sido cerca de sessenta anos antes, e não tenho a pretensão de estar atualizado com o progresso médico.

— Significa — disse ele — que nas últimas duas semanas houve mais de três mil ocasiões em que o impulso elétrico de seu marca-passo natural no átrio esquerdo não chegou ao ventrículo abaixo. Isso resultou em uma pausa até que o ventrículo respondesse erraticamente para contrair o coração por conta própria. Isso é fatal e deve ser tratado imediatamente.

Dei entrada na emergência, onde um cirurgião cardíaco me examinou. Três horas depois, fui levado à sala de cirurgia e um marca-passo externo foi inserido. Vinte e quatro horas depois, tive alta do hospital.

~§~

As bandagens foram removidas e a caixa de metal fica no meu peito, logo abaixo da clavícula esquerda. O dispositivo metálico faz com que meu coração se contraia setenta vezes por minuto, e continuará a fazê-lo sem qualquer recarga pelos próximos doze anos. É diferente de qualquer dispositivo mecânico que já conheci. Ao contrário de uma lanterna que não acende, de um controle remoto de TV que não muda de canal, de um navegador de celular que não orienta, esse minúsculo aparelho opera com as maiores apostas possíveis: caso falhasse, minha vida terminaria em questão de minutos. Estou chocado com a fragilidade de minha continuidade.

Essa é a minha situação atual: Marilyn, minha querida esposa, a pessoa mais importante no meu mundo desde os meus 15 anos, está sofrendo de uma doença grave, e minha própria vida parece perigosamente frágil.

Contudo, estou inusitadamente calmo, quase sereno. Por que não estou apavorado? Repetidamente me faço essa estranha pergunta. Durante grande parte da vida fui fisicamente saudável e, ainda assim, em algum nível, sempre lutei contra essa ansiedade. Acredito que minhas pesquisas e escritos sobre a ansiedade acerca da morte e minhas contínuas tentativas de levar alívio aos pacientes que enfrentam a morte foram alimentados por meu próprio terror pessoal. Mas, agora, o que aconteceu com esse terror? De onde vem minha tranquilidade quando a morte está cada vez mais próxima?

Com o passar dos dias, nossas provações ficam em segundo plano. Marilyn e eu passamos as manhãs sentados lado a lado em nosso quintal. Admirando as árvores ao redor, ficamos de mãos dadas enquanto relembramos nossa vida juntos. Lembramos nossas muitas viagens: nossos dois anos no Havaí, quando eu estava no exército e vivíamos em uma praia gloriosa de Kailua, nosso ano sabático em Londres, outros seis meses morando perto de Oxford, vários meses em Paris, outras longas estadas em Seychelles, Bali, França, Áustria e Itália.

Depois de nos deleitarmos nessas memórias requintadas, Marilyn aperta minha mão e diz: "Irv, não há nada que eu mudaria".

Eu concordo, de todo o coração.

Sentimos que vivemos a vida plenamente. De todas as ideias que empreguei para confortar pacientes que temiam a morte, nenhuma foi mais poderosa do que a ideia de viver uma vida sem arrependimento. Marilyn e eu nos sentimos livres de arrependimentos, vivemos plena e corajosamente. Tivemos o cuidado de não permitir que as oportunidades de conhecimento passassem em branco e agora pouco resta de vida não vivida.

Marilyn entra em casa para uma soneca. A quimioterapia minou sua energia, e ela frequentemente dorme grande parte do dia. Eu me inclino para trás na espreguiçadeira e penso sobre os muitos pacientes que vi sendo dominados pelo terror acerca da morte – e também sobre os muitos filósofos que olharam diretamente para ela. Dois mil anos atrás, Sêneca disse: "Um homem não pode estar preparado para a morte se apenas começou a viver. Devemos ter como objetivo já ter vivido o bastante". Nietzsche, o mais poderoso de todos os criadores de frases, disse: "Viver com segurança é perigoso". Outra frase de Nietzsche também vem à mente: "Muitos morrem tarde demais, e alguns morrem cedo demais. Morra na hora certa!".

Humm, a hora certa... isso toca fundo. Tenho quase 88 anos e Marilyn, 87. Nossos filhos e netos estão prosperando. Receio ter passado da hora certa. Estou abandonando a prática psiquiátrica e minha esposa está gravemente doente.

"Morra na hora certa." É difícil tirar isso da cabeça. Então, outra frase nietzschiana vem à mente: "O que se tornou perfeito, tudo o que está maduro – quer morrer. Tudo o que é imaturo quer viver. Tudo o que sofre quer viver, para que possa se tornar maduro, alegre e desejoso – desejoso do que é mais distante, mais alto, mais brilhante".

Sim, isso também toca fundo. Amadurecimento – isso se encaixa. Amadurecimento é exatamente o que Marilyn e eu estamos experimentando agora.

❧

Meus pensamentos sobre a morte remontam à primeira infância. Lembro-me de que, quando jovem, fui intoxicado pelo poema de E. E. Cummings, "Buffalo Bill's Defunct", e recitei-o para mim mesmo muitas, muitas vezes enquanto andava de bicicleta.

> O defunto
> de Buffalo Bill,
>   que costumava
>   montar um garanhão prateado
>   como um espelho d'água
> e acabar com umdoistrêsquatrocinco tolosdeumavez
>   Jesus
> era um homem bonito
>   e o que eu quero saber é
> o que lhe parece esse menino de olhos azuis,
> Senhor Morte

Eu estava presente, ou quase, na morte dos meus pais. Meu pai estava sentado a poucos metros de mim quando vi sua cabeça tombar de repente, os olhos fixos para a esquerda, olhando para mim. Eu tinha terminado a faculdade de medicina apenas um mês antes, mas arranquei uma seringa da bolsa preta do meu cunhado médico e injetei adrenalina no coração de meu pai. Era tarde demais: ele foi morto por um forte derrame.

Dez anos depois, minha irmã e eu visitamos minha mãe no hospital: ela havia fraturado o fêmur. Sentamos e conversamos com ela por algumas horas até que ela fosse levada à cirurgia. Fizemos uma rápida caminhada do lado de fora e, quando voltamos, a cama estava totalmente desfeita. Apenas o colchão permaneceu. Não havia mais mãe.

❧

São 8h30 de uma manhã de sábado. Meu dia até agora: acordei por volta das sete e, como sempre, tomei um breve café da manhã e caminhei cerca de quarenta metros até meu escritório, onde liguei o computador e verifiquei os e-mails. O primeiro diz:

> Meu nome é M, um estudante iraniano. Tenho sido tratado devido a ataques de pânico. Meu médico me apresentou seus livros e sugeriu que eu lesse *Existential Psychotherapy*. Lendo esse livro, senti que encontrei a resposta para muitas perguntas que me fiz desde a infância, e senti você ao meu lado ao ler cada página. Medos e dúvidas que ninguém além de você respondeu. Estou lendo seus livros todos os dias, e agora já faz vários meses que não tenho qualquer ataque. Tive a sorte de encontrar você quando não tinha esperança de seguir minha vida. Ler seus livros me deixa esperançoso. Eu realmente não sei como agradecer.

Meus olhos se encheram de lágrimas. Cartas como essa chegam todos os dias – geralmente de trinta a quarenta por dia –, e me sinto muito abençoado por ter a oportunidade de ajudar tantas pessoas. E, como o e-mail é do Irã, um dos inimigos de nossa nação, seu impacto é mais forte. Sinto que me juntei à liga totalmente humana de pessoas que tentam ajudar a humanidade.

Respondo ao estudante iraniano:

> Estou muito feliz que meus livros tenham sido úteis e importantes para você. Esperemos que um dia nossos países recuperem os sentidos e a compaixão um pelo outro.
>
> Meus melhores votos para você – Irv Yalom

Sempre fico emocionado com as cartas de fãs, embora, às vezes, fique impressionado com a quantidade. Tento responder a cada carta, tendo o cuidado de me referir a cada um pelo nome, para que saibam que li. Eu as armazeno em uma pasta de e-mails nomeada como "fãs", que comecei há alguns anos e agora tem milhares de entradas. Marquei essa carta com uma estrela – pretendo reler as cartas marcadas algum dia no futuro, quando estiver de baixo-astral e precisar de apoio.

Agora são dez horas da manhã, e saio do meu escritório. Do lado de fora, tenho uma vista da janela do nosso quarto e vislumbro a casa. Vejo que Marilyn está acordada e abriu as cortinas. Ela ainda está muito fraca por causa da quimioterapia feita três dias atrás, e me apresso para preparar seu café da manhã. Mas ela já bebeu um pouco de suco de maçã e não tem apetite para mais nada. Está deitada no sofá da sala, apreciando a vista dos carvalhos em nosso jardim.

Como sempre, pergunto como ela está se sentindo.

Como sempre, ela responde com franqueza:

— Eu me sinto péssima. Não consigo expressar em palavras. Estou distante de tudo... sensações terríveis percorrem meu corpo. Se não fosse por você, eu não estaria viva... Não quero mais viver... Sinto muito por continuar dizendo isso para você. Sei que estou dizendo sem parar.

Todos os dias há várias semanas eu a ouço falar assim. Sinto-me desanimado e desamparado. Nada me traz mais dor do que sua dor: a cada semana ela recebe uma infusão de quimioterapia que a deixa nauseada, com dor de cabeça e muito fatigada. Ela se sente desligada do corpo e de tudo e de todos de maneiras inefáveis. Muitos pacientes tratados com quimioterapia referem-se a isso como "cérebro quimio". Eu a incentivo a caminhar trinta metros até a caixa de correio, mas, como sempre, não sou bem-sucedido. Seguro a mão dela e tento tranquilizá-la de todas as formas que conheço.

Hoje, quando ela reafirma que não quer continuar a viver assim, respondo de outro jeito.

— Marilyn, já falamos várias vezes sobre a lei da Califórnia que dá aos médicos o direito de ajudar os pacientes a interromper sua vida se estiverem sofrendo muito com uma doença fatal intratável. Lembra que nossa amiga Alexandra fez exatamente isso? Nos últimos meses você tem dito várias vezes que vai ficar viva só por minha causa e que se preocupa em como vou sobreviver sem você. Tenho pensado muito sobre isso. Ontem à noite, na cama, fiquei horas pensando. Quero que você escute. Ouça: *sobreviverei à sua morte*. Consigo continuar a viver – provavelmente não muito, considerando a caixinha de metal em meu peito. Não posso negar que vou sentir sua falta todos os dias da minha vida... mas posso continuar a viver. Não estou mais aterrorizado pela morte... Não como antes.

"Lembra como me senti depois da cirurgia no joelho, quando tive um derrame que me custou o equilíbrio para sempre e me obrigou a andar com uma bengala ou andador? Lembra como eu estava triste e deprimido? O suficiente para me mandar de volta para a terapia. Bem, você sabe que isso já passou. Estou mais tranquilo agora – não estou mais atormentado –, estou até dormindo muito bem.

"O que eu quero que você saiba é o seguinte: eu posso sobreviver à sua morte. O que eu não posso suportar é a ideia de você vivendo com tanta dor, tanta agonia, por minha causa."

Marilyn olha profundamente nos meus olhos. Dessa vez, minhas palavras a tocaram. Ficamos sentados juntos, de mãos dadas, por um longo tempo. Uma das frases de Nietzsche me passa pela cabeça: "O pensamento de suicídio é um grande consolo: por meio dele se atravessam muitas noites escuras". Mas mantenho isso para mim.

Marilyn fecha os olhos por um tempo, então assente com a cabeça:

— Obrigada por dizer isso. Você nunca disse isso antes. É um alívio... Sei que esses meses foram um pesadelo para você. Você teve que fazer tudo, fazer compras, cozinhar, me levar ao médico e à clínica e me esperar por horas, me vestir, ligar para todos os meus amigos. Eu sei que o deixei exausto. Mas, ainda assim, agora você parece estar se sentindo bem. Você parece tão equilibrado, tão estável. Você já me disse várias vezes que, se pudesse, teria minha doença por mim. E sei que você teria. Você sempre cuidou de mim, sempre com amor, mas ultimamente você está diferente.

— Como?

— Difícil descrever. Às vezes parece em paz. Quase tranquilo. Por quê? Como você conseguiu?

— Essa é a grande questão. Eu não me conheço. Mas tenho um palpite e não está relacionado ao meu amor por você. Você sabe que eu te amo desde que nos conhecemos quando éramos adolescentes. É outra coisa.

— Me diga. — Marilyn agora se senta e me olha atentamente.

— Eu acho que é isso. — Dou um tapinha na caixa de metal em meu peito.

— Você quer dizer, seu coração? Mas por que tranquilidade?

— Esta caixa que estou sempre tocando e afagando continua me lembrando de que vou morrer de problemas cardíacos, provavelmente rápido e de repente. Não vou morrer como John morreu ou todos os outros que vimos na mesma ala de demência.

Marilyn concorda com a cabeça; ela entende. John era um amigo próximo com demência grave que morreu recentemente em uma casa para idosos nas redondezas. Na última vez em que o visitei, ele não me reconheceu, nem a qualquer outra pessoa: apenas ficou lá e gritou por horas. Não posso apagar essa imagem da minha memória: é o meu pesadelo de morte.

— Agora, graças ao que está acontecendo em meu peito — digo, tocando em minha caixa de metal —, acredito que vou morrer rapidamente, como meu pai.

CAPÍTULO 2

TORNANDO-SE UMA INCAPACITADA

Todos os dias eu, Marilyn, deito no sofá da sala e olho pelos janelões para os carvalhos e as sempre-vivas de nossa propriedade. Agora é primavera, e observei as folhas verdes reaparecerem em nosso magnífico carvalho-do-vale. Hoje cedo vi uma coruja empoleirada no abeto entre a frente da nossa casa e o escritório de Irv. Posso ver um pouco da horta em que nosso filho Reid plantou tomates, feijões verdes, pepinos e abóboras. Ele quer que eu pense sobre os vegetais amadurecendo no verão, quando provavelmente estarei "melhor".

Nos últimos meses, desde que fui diagnosticada com mieloma múltiplo, colocada sob medicação pesada e hospitalizada após um derrame, tenho me sentido muito infeliz. Minha quimioterapia semanal é implacavelmente seguida por dias de náusea e outras formas de sofrimento corporal, da qual a descrição pouparei meus leitores. Estou exausta na maior parte do tempo – como se tivesse algodão enfiado em volta do cérebro ou houvesse um véu de névoa entre mim e o resto do mundo.

Tive várias amigas que tiveram câncer de mama, e só agora tenho alguma compreensão do que passaram para combater a doença. Quimioterapia, radioterapia, cirurgia, grupos de apoio, tudo isso faz parte de suas vidas cotidianas como pacientes com câncer de mama. Vinte e cinco anos atrás, quando escrevi A *History of the Breast* (A história da mama), o câncer de mama ainda era considerado uma doença "terminal". Hoje os médicos se referem a ele como uma doença "crônica" que pode ser tratada e detida. Invejo as pacientes com câncer de mama porque, quando entram em remissão, podem interromper a quimioterapia. Os pacientes com mieloma múltiplo geralmente requerem a continuação do tratamento, embora com uma frequência menor do que a semanal que agora enfrento.

Sempre me pergunto: *Vale a pena?*

Tenho 87 anos. Oitenta e sete é a hora certa para morrer. Quando leio as colunas de obituários no *San Francisco Chronicle* e no *The New York Times*, observo que a maioria das mortes ocorre em pessoas na casa dos oitenta ou menos. A idade média de morte nos Estados Unidos é 79 anos. Mesmo no Japão, que tem recorde de longevidade, a idade média é de 87,32 para as mulheres. Depois da longa e muito satisfatória vida que compartilhei com Irv e da boa saúde que tive durante a maior parte dela, por que deveria querer viver agora com a miséria e o desespero diários?

A resposta simples é que não há uma maneira fácil de morrer. Se eu recusar o tratamento, morrerei dolorosamente de mieloma múltiplo mais cedo ou mais tarde. Na Califórnia, a morte assistida é legal. Quando estiver perto do fim, poderei solicitá-la a um médico.

Mas há outra resposta mais complicada para a questão de permanecer viva ou não. Ao longo desse período doloroso, tornei-me mais consciente do ponto em que minha vida está conectada à vida de outras pessoas – não apenas a de meu marido e filhos, mas também a de muitos amigos que continuam a me apoiar em minhas horas de necessidade. Esses amigos escreveram várias mensagens de encorajamento, trouxeram comida e enviaram flores e plantas. Uma velha amiga da faculdade me mandou um roupão macio e fofinho, e outra tricotou um xale de lã para mim. A todo momento, percebo como sou abençoada por ter esses amigos, além de meus familiares. No fim das contas, cheguei à conclusão de que a pessoa permanece viva não apenas para si mesma, mas também para os outros. Embora esse *insight* possa ser evidente, só agora o percebo plenamente.

Por causa de minha afiliação em Stanford no Instituto de Pesquisa sobre Mulheres (que administrei oficialmente entre 1976 e 1987), construí uma rede de mulheres acadêmicas e solidárias, muitas das quais se tornaram amigas íntimas. Por quinze anos, de 2004 a 2019, dirigi um salão literário em minha casa, em Palo Alto, e no apartamento em San Francisco para escritoras da Bay Area, o que aumentou consideravelmente meu círculo de amizade. Além disso, como ex-professora de francês, passei um tempo na França e em outros países europeus sempre que pude. Sim, tive uma posição invejável que me deu oportunidades para estabelecer essas amizades. Sou consolada pelo pensamento de que minhas questões de vida ou morte são importantes para amigos em todo o mundo – na França, em Cambridge, em Nova York, Dallas, Havaí, Grécia, Suíça e na Califórnia.

Felizmente para nós, nossos quatro filhos – Eve, Reid, Victor e Ben – moram na Califórnia, três deles na Bay Area e o quarto em San Diego. Nesses últimos meses, eles estiveram muito presentes em nossa vida, passando dias e noites aqui, preparando refeições e levantando nosso ânimo. Eve, que é médica, me trouxe chicletes de maconha medicinal, e masco metade de um antes do jantar para conter a náusea e me dar apetite. Parecem funcionar melhor do que qualquer um dos outros medicamentos e não têm efeitos colaterais perceptíveis.

Lenore, nossa neta do Japão, está morando conosco este ano, enquanto trabalha em uma startup de biotecnologia do Vale do Silício. No começo, pude ajudá-la a se ajustar à vida americana – agora é ela quem está cuidando de mim. Ela nos ajuda com os problemas do computador e da televisão e acrescenta a culinária japonesa à nossa dieta. Sentiremos muito sua falta quando ela partir para a pós-graduação na Northwestern University em alguns meses.

Mas, acima de tudo, é Irv quem me sustenta. Ele é o mais amoroso dos cuidadores – paciente, compreensivo, empenhado em diminuir minha tristeza. Não dirijo há cinco meses e, além da visita de nossos filhos, Irv faz todas as compras e cozinha. Ele me leva às consultas médicas e fica comigo durante as várias horas de quimioterapia. Ele descobre as possibilidades da televisão à noite e assiste aos programas, mesmo quando estão longe de ser sua primeira escolha. Não estou escrevendo este elogio para bajulá-lo ou fazê-lo parecer um santo para meus leitores. Essa é a verdade nua e crua que tenho vivenciado.

Frequentemente, comparo minha situação com a de pacientes que não têm parceiro amoroso ou amigo e que são obrigados a se submeter ao tratamento por conta própria. Quando me sentei recentemente no Centro de Infusão de Stanford, esperando a quimio, a mulher ao meu lado disse que estava sozinha na vida, mas encontrou apoio em sua fé cristã. Mesmo tendo que negociar suas consultas médicas sem ninguém ao lado, ela sente a presença de Deus perto dela o tempo todo. Embora eu mesma não seja religiosa, fiquei feliz por ela. E, da mesma forma, me senti encorajada pelos amigos que me disseram estar orando por mim. Minha amiga que é Bahai, Vida, ora por mim todos os dias e, se Deus existe, suas orações fervorosas devem ter sido ouvidas. Outros amigos – católicos, protestantes, judeus e muçulmanos – também escreveram para dizer que estou em suas orações. A escritora Gail Sheehy me levou às lágrimas quando escreveu: "Vou orar por você e imaginá-la nas mãos de Deus. Você é pequena o bastante para caber".

Irv e eu, culturalmente judeus, não acreditamos que estaremos conscientes após a morte. No entanto, as palavras da Bíblia Hebraica me sustentam: "Ainda que eu atravesse o vale escuro, nada temerei, pois estais comigo". (Salmo 23) Essas palavras ficam girando em minha cabeça, entre outras de fontes religiosas e não religiosas que guardei na memória há muito tempo.

"Onde está, ó, morte, o teu aguilhão?" (1 Coríntios 15:55)

"O pior é a morte, e a morte terá o seu dia." (Shakespeare, *Ricardo II*)

E há "The Bustle in a House" (O Alvoroço em uma Casa), um verso adorável de Emily Dickinson:

> Varrer do coração
> E guardar com saudade
> O amor que não se vai usar
> Até a eternidade...

Todas essas familiares frases poéticas assumem um novo significado em minha situação atual, quando deito no sofá e penso. Certamente não posso seguir o conselho de Dylan Thomas: "Raiva, raiva contra a morte da luz". Não há força vital suficiente em mim para isso. Sinto-me mais em contato com algumas das inscrições prosaicas que meu filho Reid e eu encontramos quando fotografamos lápides de cemitérios para nosso livro de 2008, *The American Resting Place* (O túmulo americano). Uma está fresca em minha mente: "Viver em corações que deixamos para trás não é morrer". Para viver nos corações que deixamos para trás – ou, como Irv tantas vezes diz, para "se propagar" na vida daqueles que nos conheceram pessoalmente ou por meio de nossos escritos, ou para seguir o conselho de São Paulo quando escreveu: "Ainda que tivesse toda a fé, de maneira tal que transportasse os montes, e não tivesse amor, nada seria". (1 Coríntios 13).

Sempre vale a pena reler a visão de Paulo sobre a primazia da caridade, pois nos lembra que o amor, que significa bondade para com os outros e compaixão por seu sofrimento, supera todas as outras virtudes.

(A feminista em mim sempre fica surpresa quando leio o que se segue em Coríntios: as mulheres estejam "caladas nas igrejas; porque não lhes é permitido falar" e que "se querem aprender alguma coisa, interroguem em casa a seus próprios maridos; porque é vergonhoso que as mulheres falem na igreja". Quando li isso, ri sozinha, lembrando dos muitos e magníficos sermões da reverenda Jane Shaw na Capela de Stanford.)

Henry James revisou as palavras de Paulo sobre a caridade em uma fórmula inteligente:

> Três coisas na vida humana são importantes. A primeira é ser bom. A segunda é ser bom. E a terceira é ser bom.

Espero seguir esse ditado mesmo enquanto estou angustiada com minha situação pessoal.

*

Conheço muitas mulheres que enfrentaram bravamente a morte ou a morte de seus cônjuges. Em fevereiro de 1954, quando voltei de Wellesley College para Washington, para o funeral do meu pai, as primeiras palavras de minha mãe enlutada foram: "Você tem que ser muito corajosa". Sempre um modelo de bondade, a preocupação com as filhas foi primordial quando ela enterrou aquele que foi seu marido por vinte e sete anos. Meu pai tinha apenas 54 anos e morreu repentinamente de ataque cardíaco enquanto pescava em alto-mar na Flórida.

Vários anos depois, minha mãe se casou novamente. E ela acabou se casando de novo e de novo e enterrando quatro maridos! Ela viveu para conhecer seus netos e até alguns de seus bisnetos. Depois de se mudar para a Califórnia para ficar mais perto de nós, ela morreu pacificamente aos 92 anos e meio. Sempre achei que morreria na idade dela – mas agora sei que não chegarei aos noventa.

Uma amiga próxima, Susan Bell, quase chegou aos noventa. Susan escapou da morte mais de uma vez: fugiu da invasão nazista da Tchecoslováquia em 1939 acompanhando a mãe a Londres e deixando para trás um pai que morreu no campo de concentração de Theresienstadt. Ela e os pais foram batizados como luteranos, mas os nazistas viam os quatro avós judeus de Susan como motivo para ameaçar sua vida e matar seu pai.

Algumas semanas antes de morrer, Susan me deu um presente precioso – seu bule de prata inglês do século XIX. O chá daquele bule tinha nos mantido alertas anos antes, enquanto ela e eu trabalhávamos em nosso livro de 1990, *Revealing Lives* (Revelando vidas), uma coleção editada de artigos sobre autobiografia, biografia e gênero. Susan foi uma pioneira no desenvolvimento do campo da história da mulher e continuou esse trabalho como bolsista afiliada no Stanford Clayman Institute até o fim de sua vida. Ela morreu repentinamente em julho de 2015, na piscina, com 89 anos e meio.

Mas, talvez mais do que ninguém, Diane Middlebrook é meu modelo de como eu gostaria de me comportar nos próximos meses. Professora de inglês de Stanford e aclamada biógrafa dos poetas Anne Sexton, Sylvia Plath e Ted Hughes, Diane se tornou uma amiga próxima por mais de vinte e cinco anos, até sua morte prematura de câncer em 2007. Quando a vi no hospital pouco antes de sua morte, ela carinhosamente recebeu Irv e a mim, comunicou seu amor por nós e nos deu um beijo de despedida. Percebi como se dirigia respeitosamente às enfermeiras quando entravam e saíam do quarto. Diane tinha apenas 68 anos quando nos deixou.

Há mais uma pessoa cujo declínio e morte me afetaram muito: o notável estudioso francês René Girard. René foi meu orientador de dissertação no fim dos anos 1950 e início dos 1960 na Johns Hopkins, mas realmente não o via como um colega ou amigo próximo até ele vir para Stanford, décadas depois. Então, com sua esposa Martha, senti uma nova conexão que durou até sua morte em 2015.

Essa conexão foi estranhamente mais forte nos últimos anos, quando ele não conseguia falar devido a uma série de derrames. Em vez de falar, eu me sentava ao seu lado, segurava sua mão e olhava em seus olhos. Ele sempre parecia gostar dos potes de geleia de damasco caseira que eu levava para ele.

Na última vez em que estivemos juntos, ele viu pela janela um coelhinho correndo do lado de fora e exclamou em francês: *"Un lapin!"* De alguma forma, essas palavras emergiram, apesar do dano cerebral que havia bloqueado toda a fala. Quando tive um derrame e por alguns minutos perdi a capacidade de falar, pensei imediatamente em René. Foi uma experiência muito estranha ter pensamentos no cérebro que simplesmente não conseguia transformar em fala.

Estou muito grata por ter recuperado a fala rapidamente e sem sequelas aparentes. Não me lembro de algum momento em que eu não gostasse de conversar. Quando tinha quatro ou cinco anos, minha mãe me levava para aulas de elocução, onde fazíamos reverências à senhorita Betty e recitávamos poemas para uma plateia de outras crianças e suas mães orgulhosas. Desde então, ao longo da minha vida, tive muito prazer de poder falar em público, assim como as conversas em particular.

Mas hoje fico exausta com uma longa conversa. Limito-me a meia hora com amigos que aparecem. Mesmo um telefonema prolongado me cansa.

Quando me desespero com meu estado, tento me lembrar de todos os motivos pelos quais ainda devo ser grata. Ainda posso falar, ler e responder meus e-mails. Estou cercada por pessoas amorosas em uma casa confortável e charmosa. Há esperança de que os tratamentos de quimioterapia sejam reduzidos em dosagem e frequência, e que eu seja capaz de viver uma vida seminormal novamente, embora agora eu não acredite que esse seja o caso. Estou tentando me resignar à vida de uma incapacitada, ou pelo menos à vida de uma convalescente, como se referiam educadamente a pessoas como eu no passado.

Maio

CAPÍTULO 3
CONSCIÊNCIA DO DESVANECIMENTO

Três amigos muito próximos, Herb Kotz, Larry Zaroff e Oscar Dodek, morreram nos últimos anos. Eu os conheci no ensino médio e na faculdade, e foram meus companheiros nas aulas de anatomia durante nosso primeiro ano nos estudos de medicina. Permanecemos próximos por toda a vida. Agora os três se foram e eu me tornei o portador das memórias de nosso tempo juntos. Embora os eventos de nosso primeiro ano da faculdade de medicina tenham ocorrido há mais de sessenta anos, ainda são vívidos e palpáveis. Na verdade, tenho a estranha sensação de que, se alguém abrisse a porta correta e espiasse, milagrosamente ali estaríamos, nós quatro em carne e osso, para que todos vissem, ocupados dissecando tendões e artérias, brincando uns com os outros, e meu amigo Larry, que já havia decidido se tornar um cirurgião, examinando minha dissecação desordenada e declarando que minha decisão de me tornar psiquiatra foi um momento verdadeiramente abençoado para o mundo da cirurgia.

Uma lembrança em particular de nosso curso de anatomia está profundamente gravada em minha mente. Trata-se de um incidente horrível que aconteceu no dia em que iniciaríamos a remoção e dissecação de um cérebro. Ao levantar a lona preta do nosso cadáver, avistamos uma grande barata em uma das órbitas oculares. Estávamos todos enojados – eu mais do que os outros, pois cresci apavorado com as baratas que, muitas vezes, corriam pelo chão da mercearia do meu pai e pelo nosso apartamento em cima da loja.

Depois de recolocar rapidamente a lona, persuadi os outros a dispensarmos a dissecação daquele dia e, em vez disso, jogarmos umas partidas de bridge. Nós quatro costumávamos jogar bridge na hora do almoço e, nas semanas seguintes, nosso quarteto jogava bridge em vez de ir ao laboratório de anatomia. Embora eu tenha me tornado um jogador melhor, tenho vergonha de admitir que eu, que passei a vida estudando a mente humana, pulei a dissecação do cérebro!

Mas o que é realmente perturbador é a percepção de que esses eventos vívidos, tangíveis e carregados de emoção existem apenas em minha própria mente. Sim, sim, claro que é óbvio – todo mundo sabe disso. No entanto, no fundo, de alguma forma, nunca realmente o possuí, nunca percebi que ninguém além de mim pode abrir a porta para o espaço que contém essas cenas. Não há porta, nem sala, nem dissecação em andamento. Meu mundo passado existe apenas no zumbir dos neurônios do meu cérebro. Quando eu, o único dos quatro ainda vivo, morrer – *puf* – tudo irá evaporar e essas memórias irão desaparecer para sempre. Quando realmente paro, reconheço e me aposso dessa ideia, o chão sob meus pés já não parece firme.

Mas, espere! Enquanto examino mais uma vez minha lembrança do jogo de bridge no fundo da sala de aula vazia, de repente percebo que há algo errado. Lembre-se de que isso aconteceu há mais de sessenta e cinco anos! Qualquer pessoa que tentou escrever um livro de memórias aprende que a memória é uma entidade inconstante e evasiva. Sei que um de nossos quatro jogadores de bridge, Larry Zaroff, era um aluno tão dedicado e tão empenhado em se tornar um cirurgião que não havia como ele matar uma aula de dissecação para jogar bridge. Fecho os olhos com força e olho mais de perto a lembrança. Assim, percebo que o jogo de bridge consistia em Herb, Oscar, eu e Larry – mas não Larry Zaroff. Era outro Larry, um aluno chamado Larry Eanet. E então me lembro que nossa equipe de dissecação consistia em *seis* alunos: por algum motivo, houve uma escassez aguda de cadáveres naquele ano e seis alunos, em vez de quatro, foram designados para dissecar um cadáver.

Lembro-me bem do meu amigo Larry Eanet: era um pianista maravilhosamente talentoso que tocava em todos os nossos eventos do ensino fundamental e médio e sonhava em se tornar músico profissional. Seus pais, no entanto, imigrantes como os meus, pressionaram-no a ir para a faculdade de medicina. Larry era um homem adorável e, embora eu fosse surdo para tons, ele sempre se esforçou para despertar minha sensibilidade musical. Pouco antes de começarmos a estudar medicina, ele me levou a uma loja de discos e selecionou seis grandes clássicos para eu comprar. Ouvi os discos várias vezes enquanto estudava, mas, infelizmente, no fim do primeiro ano, fiquei constrangido em dizer que tinha grande dificuldade em distinguir um do outro.

Larry escolheu estudar dermatologia por acreditar que essa era a especialidade que lhe daria mais liberdade para seguir sua carreira musical. Mais tarde, ele tocou piano para músicos visitantes, como Dizzy Gillespie, Stan Getz e Cab Calloway. Como seria maravilhoso relembrar com Larry! Decido contatá-lo, mas, quando o procuro no Google, fico sabendo que, infelizmente, ele também já morreu, dez anos antes. Oh, como ele teria sorrido ao ler o título de seu obituário no *Washington Post*: "Virtuoso pianista de jazz fazia bico como médico"!

O sexto estudante de nossa equipe era Elton Herman, que eu conhecia desde os nossos dias de graduação – um aluno inteligente, meigo e muito agradável; um rapaz desajeitado, propenso a usar calças de veludo cotelê para a aula. Como estava Elton? Onde ele estava? Sempre gostei dele e queria ouvir sua voz novamente. Mas quando faço uma pesquisa on-line, descubro que também está morto. Morto havia oito anos. Todos os meus cinco companheiros mortos! Minha cabeça começa a girar. Fecho os olhos, concentro-me no passado e, por um momento, vejo todos nós juntos, os braços em volta dos ombros um do outro. Nós seis éramos tão fortes, tão esperançosos com o futuro, tão ansiosos pelo sucesso, seis alunos inteligentes e talentosos começando a faculdade de medicina juntos. Tão dedicados ao aprendizado e tão cheios de sonhos de sucesso e, ainda, cinco de nós, todos menos eu, mortos e enterrados. Nada além de ossos ressecados agora. De nós seis, só eu ainda caminho pela terra. Tremo ao pensar nisso. Por que sobrevivi a eles? Pura sorte. Sinto-me abençoado por ainda respirar, pensar, cheirar e dar as mãos à minha esposa. Mas estou sozinho. Eu sinto falta deles. Minha hora está chegando.

ೋ

Esta história tem uma vida após a morte. Em duas ocasiões, observei excelentes efeitos quando disse isso a pacientes. Uma era uma mulher que, nos dois meses anteriores, perdera o marido e o pai – as duas pessoas mais próximas e queridas. Ela disse que já havia consultado dois terapeutas, mas ambos pareciam tão distantes e indiferentes que ela não conseguia estabelecer contato com nenhum deles. Comecei a imaginar que ela logo sentiria o mesmo por mim. Na verdade, durante toda a nossa consulta, ela parecia congelada, embotada, difícil de alcançar. Senti um abismo enorme entre nós e, obviamente, ela compartilhava o sentimento: no fim da nossa sessão, ela comentou:

— Por semanas, senti que tudo é irreal e que estou totalmente sozinha. Sinto como se estivesse viajando de trem e os assentos estivessem todos vazios: não há outros passageiros.

— Eu sei exatamente o que você estava sentindo — respondi. — Recentemente, tive uma experiência semelhante.

Em seguida, comecei a contar a ela a história de meus cinco colegas da faculdade de medicina que eu havia perdido e como meu senso de realidade havia sido abalado.

Ela ouviu atentamente, inclinando-se para mim, com lágrimas escorrendo pelo rosto, e disse:

— Sim, sim, entendo. Entendo perfeitamente: é *exatamente* o que estou experimentando. Minhas lágrimas estão comemorando: afinal, há mais alguém no trem. O senhor sabe o que estive pensando? Que devemos abençoar a vida e desfrutar da realidade agora, enquanto ainda é real.

Essas palavras me desconcertaram e ficamos sentados em um grato silêncio por um longo tempo.

Algumas semanas depois, contei a história novamente. Tive a última consulta com uma paciente que vinha atendendo semanalmente no ano anterior. Ela morava a quase dois mil quilômetros de distância e nos falávamos pelo computador via Zoom. Para nossa consulta final, no entanto, ela decidiu voar para a Califórnia para me encontrar pessoalmente pela primeira vez.

Tivemos uma tempestuosa trajetória terapêutica, e nunca satisfiz totalmente seu desejo de amor e compreensão paternos. Tentei muito, mas não importava o quanto eu oferecesse, ela frequentemente ficava insatisfeita e me criticava. Eu vinha atendendo pacientes por vídeo havia anos e acreditava que a terapia pelo Zoom e a terapia face a face eram igualmente eficazes, mas meu trabalho com essa paciente levantou algumas dúvidas. Isso ficou equilibrado quando soube que ela ficara igualmente insatisfeita com dois terapeutas anteriores, com quem estivera pessoalmente por períodos de tempo consideravelmente mais longos.

Enquanto esperava que ela chegasse, imaginei como seria a sensação de ver a paciente pessoalmente. Seria igual ou ficaria chocado com a diferença, a estranheza de vê-la em carne e osso? Apertamos as mãos quando começamos a sessão, dando um ao outro um pouco mais do que um aperto de mão comum. Era como se tivéssemos que nos reassegurar de nossa materialidade.

Passei a fazer o que geralmente faço em uma sessão final. Revisei minhas anotações e comecei a descrever minhas lembranças de nossos primeiros encontros. Revi alguns dos motivos dela para que entrasse em contato comigo e tentei abrir uma discussão sobre o que tínhamos feito e como trabalhamos juntos.

Ela teve pouco interesse em minhas palavras. Sua atenção estava em outro lugar.

— Dr. Yalom, estive pensando... começamos com um acordo para um ano de terapia de reuniões semanais e, pelas minhas contas, nos encontramos 46 vezes, não 52 vezes. Sei que estive de férias por um mês e o senhor também viajou, mas, mesmo assim, me parece que me deve mais seis sessões.

Eu não fiquei nada desconcertado. Havíamos discutido esse assunto em outras ocasiões e eu a lembrei de que havia mencionado a data de término mais de uma vez. Respondi:

— Estou interpretando seu comentário como um sinal de que nosso trabalho tem sido importante e que você deseja que continuemos. Como já disse, tenho muito respeito pelo quanto você trabalhou duro e pelo quão persistente e dedicada você tem sido ao nosso trabalho, mesmo em momentos de muita dor. Assim, vou aceitar o seu pedido por mais seis sessões como uma expressão do quanto significo para você. Estou certo?

— Sim, o senhor significou muito para mim e, sim, sabe como é difícil para mim dizer isso. E, sim, é muito difícil deixá-lo ir. Eu sei que precisarei me conformar com sua imagem armazenada em meu cérebro. E sei muito bem que é uma imagem que vai desaparecer lentamente. Nada é permanente, tudo é insubstancial.

Ficamos em silêncio por alguns momentos, e então repeti suas palavras: "Tudo é insubstancial". E continuei: "Suas palavras me trazem à mente algo que também tenho experimentado. Deixe-me falar com você sobre isso". Em seguida, comecei a contar toda a história da morte dos meus cinco colegas de turma e como também vinha lutando contra o mesmo conceito – *que tudo é insubstancial*.

Depois de terminar, ficamos sentados em silêncio por um longo tempo após o fim de nossa sessão. Então, ela disse:

— Obrigada, Irv, por compartilhar essa história. Pareceu um grande presente. Um grande presente.

Quando nos levantamos para encerrar a sessão, ela disse:

— Eu gostaria de um abraço, um que eu possa carregar comigo por um longo tempo. Um abraço substancial.

Junho

CAPÍTULO 4

POR QUE NÃO NOS MUDAMOS PARA UMA CASA DE REPOUSO?

Vários anos atrás, Irv e eu investigamos a opção de nos mudarmos para uma casa de repouso. A mais popular entre as pessoas de Stanford, que podem pagar, é Vi, localizada a apenas alguns quarteirões da Universidade Stanford. Há duas outras moradias assistidas próximas, a Channing House, no centro de Palo Alto, e a The Sequoias, em um adorável ambiente rústico um pouco mais distante. As três fornecem refeições e têm diferentes níveis de serviço, que vão desde assistência nas tarefas diárias até cuidados paliativos. Gostamos muito de ir jantar na Vi e na Sequoias com os amigos que lá residem, e pudemos constatar que esses centros residenciais têm muitos atrativos. Mas, como não tínhamos problemas graves de saúde na época, evitamos assumir um compromisso.

Nossa colega, Eleanor Maccoby, a primeira professora de psicologia em Stanford, morreu na Vi aos 101 anos. Por mais de dez anos ela conduziu o debate semanal de atualidades e, nos últimos anos, escreveu uma notável autobiografia. Fomos ao funeral lotado em sua homenagem e ficamos felizes em ver outros amigos ainda vivos e passando bem.

Às vezes nos perguntamos: *Será que estamos cometendo um erro ao não optar por uma vida assistida?* Certamente seria conveniente ter cuidados vinte e quatro horas por dia. E ter refeições preparadas e servidas para você é sempre uma bênção. Mas a ideia de deixar nossa casa há mais de quarenta anos, com seu jardim verdejante e árvores, nos desencoraja. Simplesmente não estamos dispostos a desistir desta casa e ambiente, sem mencionar o escritório separado onde Irv escreve e ainda atende pacientes ocasionais.

Felizmente, estamos em uma situação financeira que nos permite manter nossa casa e fazer as adaptações necessárias. Quando ficou claro que eu teria dificuldade para subir as escadas até o segundo andar, onde fica nosso quarto, instalamos uma cadeira elevatória na escada. Agora, subo e desço como uma princesa em uma carruagem particular.

Talvez, além de tudo, possamos ficar nesta casa porque contamos com os serviços continuados da nossa empregada doméstica, Glória, que está conosco há mais de vinte e cinco anos. Glória cuida de nós, assim como da casa. Ela encontra nossos óculos e telefones celulares perdidos, faz a limpeza após nossas refeições, troca a roupa de cama e rega as plantas. Quantas pessoas nos Estados Unidos têm a sorte de ter alguém como Glória em suas vidas? Nossa "sorte" depende obviamente da nossa situação financeira, mas mesmo assim, é mais do que isso. Glória é excepcional. Ela criou três filhos e uma neta enquanto trabalhava para nós e negociava difíceis problemas da meia-idade, incluindo o divórcio. Fazemos tudo o que podemos para tornar a vida dela confortável, incluindo – é claro – o pagamento de um bom salário, previdência social e férias anuais remuneradas.

Sim, nós sabemos, poucas pessoas podem se dar ao luxo de ter uma empregada doméstica, assim como poucos americanos podem pagar por uma casa de repouso. Dependendo da localização e dos serviços, uma casa de repouso custa muitos milhares de dólares por mês. Adam Gopnik no *New Yorker* (20 de maio de 2019) afirma que menos de 10% dos idosos vão para asilos ou casas de repouso porque a maioria prefere ficar em suas casas; e, mesmo que quisessem, muitos não têm recursos.

Também optamos por ficar em nossa casa, mas por razões emocionais, em vez de práticas. Construímos esta casa ao longo de um período de dez anos, adicionando ao acaso novas áreas e, finalmente, criando um espaço habitável e adorável. Quantas festas de aniversário, lançamentos de livros, casamentos e recepções de casamento já celebramos na sala, no pátio dos fundos ou no gramado da frente? Da janela do nosso quarto no segundo andar, podemos ver pássaros fazendo ninhos nos galhos do nosso carvalho imponente. E os outros quartos do andar de cima, agora sem adolescentes, estão disponíveis para visitas de filhos, netos e amigos. Também convidamos hóspedes de fora da cidade a se hospedar conosco sempre que estiverem em Bay Area.

E depois há os pertences – móveis, livros, peças de arte e souvenirs espalhados pela casa. Como poderíamos amontoar tudo isso em um espaço residencial muito menor? Embora tenhamos começado a dar alguns itens para nossos filhos, seria doloroso viver sem a maioria deles, pois cada um tem uma história que lembra uma época específica de nossa vida e, muitas vezes, um incidente memorável.

Os dois cães japoneses de madeira no corredor foram comprados na Portobello Road, em Londres, em 1968. Estávamos deixando a Inglaterra após um ano sabático e tínhamos exatamente 32 libras em nossa conta no British Bank. Quando vimos os cães – o macho mostrando os dentes, a fêmea com a boca fechada – suspeitei que fossem velhos e preciosos. Perguntei ao lojista o que ele sabia sobre eles e tudo o que ele pôde nos dizer foi que os trouxera de alguém que acabara de voltar da Ásia. Oferecemos as 32 libras que ainda estavam no banco e ele aceitou. Foram enviados para casa com algumas outras compras e têm sido uma parte valiosa de nossa paisagem interior desde então.

Uma cabeça egípcia esculpida que antes conectava um antigo jarro canópico contendo os órgãos de uma pessoa morta (estômago, intestinos, pulmões ou fígado) fica em cima de uma prateleira na sala de estar. Nós a compramos de um antiquário parisiense há cerca de trinta e cinco anos. O certificado que a acompanha afirma que representa Amset, um dos quatro filhos de Hórus, a divindade protetora nacional egípcia. Adorei olhar nos olhos em forma de peixe delineados em preto dessa figura solene. Embora Irv e eu nunca tenhamos viajado juntos para o Egito, Eve, nossa filha, e eu tivemos esse prazer vários anos atrás com um grupo de viagens de Wellesley. Visitar museus e mesquitas no Cairo, viajar de barco pelo Nilo e ver as pirâmides e templos me deixaram profundamente interessada no Egito Antigo.

Por toda a casa, há lembretes visuais de nossos dois meses sabáticos em Bali – máscaras, pinturas e tecidos que evocam um lugar onde a estética é um estilo de vida. A grande máscara entalhada que paira sobre nossa lareira tem olhos esbugalhados, orelhas douradas e uma língua fina vermelha que se projeta entre duas fileiras de dentes ameaçadores. Outro objeto balinês, a pequena madeira entalhada sobre a porta ao pé da escada, é mais lúdica: mostra um dragão alado com a cauda na boca. No andar de cima, há pinturas em tecido de paisagens balinesas com pássaros estilizados e folhagens. Em Bali, você costuma ver a mesma cena retratada repetidamente, porque não há o menor senso de que uma obra de arte precisa ser "original". Todos os artistas têm direito ao mesmo material, o que constitui uma espécie de mitologia visual.

Quem vai querer todos esses objetos? Só porque nos atraem e guardam nossas memórias não significa que nossos filhos os desejem. Quando morrermos, as histórias vinculadas a cada um de nossos bens acabarão desaparecendo. Bem, talvez não totalmente. Ainda possuímos itens herdados de nossos pais que são chamados de "mesa da vovó" ou "porcelana do tio Morton". Nossos filhos cresceram com esses itens e lembram de seus proprietários originais, a mãe de Irv, Rivka, que mobiliou sua casa em Washington com itens da moda dos anos 1950, e o tio Morton, cunhado de Irv, um ardente colecionador de porcelana, pesos de papel e moedas antigas. A mesa de cartas da "vovó", uma anomalia neobarroca vermelha, preta e dourada que fica em nosso solário, foi cenário de inúmeras partidas de xadrez e pinocle que Irv jogou com o pai e agora joga com os filhos. Qualquer um de nossos três filhos ficará feliz em tê-la.

Recentemente, a esposa de nosso filho Ben, Anisa, comentou sobre alguns tecidos bordados que emolduramos e penduramos em quartos diferentes. Eu disse a ela que os tínhamos encontrado em um mercado aberto na China quando estivemos lá em 1987 e que se podia comprar esses tesouros por um preço muito baixo. Anisa e Ben têm um interesse particular por tecidos, então eu disse que poderiam ficar com os bordados chineses: "Lembre-se de dizer aos seus filhos que Nana e Zeyda os compraram na China há muito, muito tempo".

Mas nosso maior problema será descartar nossos livros, cerca de 3 a 4 mil deles. São organizados, mais ou menos, em categorias – textos psiquiátricos, estudos femininos, francês e alemão, romances, poesia, filosofia, clássicos, arte, livros de receitas e traduções estrangeiras de nossas publicações. Olhe em qualquer cômodo (exceto a sala de jantar) e em vários dos armários, e você encontrará livros, livros, livros. Durante toda a vida temos sido pessoas que lidam com livros e, embora Irv agora leia em grande parte em um iPad, ainda adquirimos livros em sua forma familiar de papel. A cada poucos meses, enviamos caixas de livros para a biblioteca pública local ou para outras organizações sem fins lucrativos, mas isso dificilmente afeta as prateleiras de parede a parede que cobrem a maioria de nossos quartos.

Há uma seção especial para livros escritos por amigos, vários dos quais não estão mais entre nós. Eles lembram nossa amizade com o poeta, romancista e escritor de não ficção britânico Alex Comfort, mais conhecido por *Os prazeres do sexo*. Depois de sofrer um derrame, ele ficou preso a uma cadeira de rodas e teve grande dificuldade em mover os braços e as pernas, por isso, ficamos particularmente comovidos com a dedicatória curta e conturbada que ele nos escreveu em um livro de poemas. Também temos vários livros de Ted Roszak, meu colega da Cal State Hayward. Lembramo-nos dele como um historiador e romancista altamente original, cujo livro de 1969, *A Contracultura*, acrescentou um novo termo ao vocabulário inglês. A análise de Ted da "contracultura" traz à mente os protestos contra a Guerra do Vietnã, o movimento de liberdade de expressão de Berkeley e todas as convulsões políticas que vivemos na década de 1960. E há os livros dos professores de Stanford – Albert Guerard, Joseph Frank e John Felstiner –, todos amigos que agraciaram nossas vidas por muitos anos e deixaram para trás grandes obras de crítica literária. Albert era um especialista em romance inglês, Joe era o mais importante estudioso de Dostoiévski de sua época e John era o tradutor de Pablo Neruda e Paul Celan. O que fazemos com essas obras preciosas?

Uma coleção de livros se destaca sob portas de vidro: nossa coleção de Dickens. Irv começou a colecionar as primeiras edições e peças de Dickens quando estávamos em Londres em 1967 e 1968. A maioria das obras de Dickens foi publicada em fascículos mensais que foram então encadernados em livro. Ao longo dos anos, sempre que Irv via um livro de Dickens listado em um dos vários catálogos que chegavam de vários revendedores britânicos, ele verificava se já o possuíamos e, se não, ele o encomendava – isto é, dependendo do preço. Ainda não temos um bom exemplar de *Um conto de Natal* porque sempre teve um preço muito alto.

Nosso filho mais novo, Ben, abria os pacotes com Irv e olhava as gravuras antes mesmo de poder ler. Ao ver o mais novo recém-chegado, ele exclamava: "Tem cheiro de Dickens". Todos os nossos filhos leram um pouco de Dickens, mas Ben, um diretor de teatro, provavelmente leu mais. Fica claro que a coleção de Dickens irá para ele.

Quanto ao resto dos livros, é difícil até doá-los. O nosso filho fotógrafo, Reid, vai querer todos os livros de arte? O nosso filho psicólogo, Victor, vai querer os livros de terapia de Irv? Alguém vai querer meus livros de alemão ou de estudos femininos? Felizmente, uma boa amiga, Marie-Pierre Ulloa, do Departamento de Francês de Stanford, se ofereceu para levar minha grande coleção de livros em francês. Alguns negociantes virão aqui e escolherão nossos bens que têm valor de revenda, mas, do contrário, nossos preciosos livros provavelmente serão espalhados ao vento.

Por enquanto, ainda estão alojados em nossa casa e no escritório de Irv. É reconfortante mover-se entre objetos familiares durante o último período de nossa vida. Somos gratos por podermos ficar em nossa casa e nos mudarmos para uma moradia assistida ou casa de repouso apenas como último recurso.

CAPÍTULO 5

APOSENTADORIA: O MOMENTO EXATO DA DECISÃO

Estive me aproximando cautelosamente da aposentadoria por vários anos, testando-a em pequenas doses. A psicoterapia tem sido o trabalho da minha vida e a ideia de desistir dela é dolorosa. Dei meu primeiro passo em direção à aposentadoria quando, há alguns anos, decidi informar a todos os meus novos pacientes em nossa primeira sessão que os veria por apenas um ano.

Há muitos motivos pelos quais odeio a ideia de me aposentar como terapeuta. Principalmente porque gosto muito de ser útil para os outros e, a esta altura da vida, já me tornei bom nisso. Outro motivo, e digo com certo constrangimento, é que vou sentir falta de ouvir tantas histórias. Tenho uma sede insaciável por histórias, especialmente aquelas que posso usar para ensinar e escrever. Sou apaixonado por histórias desde criança e, com exceção dos anos da faculdade de medicina, sempre, sem falta, leio para dormir. Embora eu seja fascinado por estilos grandiosos como o de Joyce, Nabokov e Banville, são os contadores de histórias consumados – Dickens, Trollope, Hardy, Tchekhov, Murakami, Dostoiévski, Auster, McEwan – quem eu realmente adoro.

Permita-me contar uma história sobre o momento exato em que descobri que era hora de me aposentar como terapeuta.

No dia 4 de julho, algumas semanas atrás, voltei para casa alguns minutos antes das quatro da tarde de uma festa em um parque de um bairro próximo e entrei em meu escritório com a intenção de passar uma hora respondendo a e-mails. Assim que me sentei à minha mesa, ouvi uma batida na porta. Abri e encontrei uma mulher atraente de meia-idade parada ali.

— Olá — eu a cumprimentei —, eu sou Irv Yalom. Você estava procurando por mim?

— Eu sou Emily. Sou psicoterapeuta da Escócia e tenho uma consulta marcada com o senhor hoje às quatro.

Meu coração murchou. Ah, não, mais uma vez minha memória falhou!

— Por favor, entre — eu disse, tentando ser natural. — Deixe-me verificar minha programação.

Abri minha agenda e fiquei chocado ao ver "Emily A." em letras grandes, "às 16h". Nem sequer pensei em verificar minha agenda naquela manhã. Nunca, em meu juízo perfeito, isto é, se eu estivesse em meu juízo perfeito, marcaria alguém para o dia 4 de julho. Minha família ainda estava na celebração do feriado no parque, e foi por puro acaso que retornei mais cedo e estava em meu escritório quando ela apareceu.

— Sinto muito, Emily, mas, sendo feriado nacional, nem cheguei minha agenda. Você percorreu um longo caminho para chegar aqui?

— Muito grande. Mas meu marido tinha motivos profissionais para vir a Los Angeles, então eu estaria por aqui de qualquer maneira.

Isso me deu algum alívio: pelo menos ela não fez a longa viagem da Escócia especificamente para uma sessão com alguém que não se preocupou em se lembrar dela. Tentei deixá-la confortável, apontei para uma cadeira: "Por favor, sente-se, Emily, posso me liberar e atender você agora. Mas, por favor, me dê licença por alguns minutos. Tenho de avisar a minha família que não posso ser interrompido".

Corri de volta para casa a apenas trinta metros de distância e deixei um bilhete para Marilyn sobre minha consulta inesperada, peguei meus aparelhos auditivos (não os uso com frequência, mas Emily tinha uma voz suave) e voltei para o escritório. Quando me sentei à mesa, abri o computador.

— Emily, estou quase pronto para começar, mas primeiro preciso de alguns minutos para reler sua mensagem de e-mail para mim.

Enquanto eu procurava em meu computador tentando, em vão, localizar o e-mail de Emily, ela começou a chorar alto. Virei-me para encará-la e ela estendeu uma folha de papel dobrada que tirou da bolsa.

— Este é o e-mail que você está procurando. Eu o trouxe porque da última vez que nos encontramos, há cinco anos, você também não conseguiu encontrar meu e-mail — ela chorou ainda mais alto.

Li a primeira frase do e-mail: "Nós nos encontramos em duas ocasiões anteriores nos últimos dez anos (para um total de quatro sessões) e você me ajudou muito e..." Não pude ler mais: Emily agora começava a chorar realmente alto, dizendo repetidamente: "Eu sou invisível, sou invisível. Nós nos encontramos quatro vezes e você não me conhece".

Em estado de choque, guardei o bilhete e me virei para ela. Lágrimas escorreram por seu rosto. Em vão, ela procurou na bolsa por um lenço de papel e depois estendeu a mão para a caixa de lenços na mesa ao lado de sua cadeira, mas, infelizmente, estava vazia, e tive que ir ao banheiro para buscar as poucas folhas de papel higiênico que foram deixadas no suporte. Rezei muito para que ela não precisasse de mais.

Enquanto ficamos sentados em silêncio por um curto período de tempo, a realidade apareceu! Esse foi o momento em que percebi, realmente percebi, que obviamente não estava apto para continuar minha prática. Minha memória estava muito prejudicada. Então, desarmei minha postura profissional, fechei o computador e me virei para ela.

— Eu sinto muito, Emily. Que pesadelo esta consulta foi até agora.

Ficamos em silêncio por mais alguns instantes enquanto ela recuperava a compostura e eu entendia o que devia fazer.

— Emily, quero dizer algumas coisas a você. Primeiro, você viajou muito até aqui com esperanças e expectativas sobre nossa sessão, e estou inteiramente disposto a passar a próxima hora com você e oferecer tudo o que puder. Mas, como já causei a você tanta angústia, não há como aceitar qualquer pagamento pela nossa sessão de hoje. Em segundo lugar, quero abordar sua sensação de ser invisível. Por favor, me escute e ouça o que vou dizer: *meu esquecimento sobre você não tem nada a ver com você e tudo a ver comigo.* Deixe-me contar algumas coisas sobre minha vida agora.

Emily parou de chorar, enxugou os olhos com um lenço e se inclinou para a frente na cadeira, muito atenta.

— Em primeiro lugar, devo dizer-lhe que minha esposa há sessenta e cinco anos está agora bastante doente, com câncer e se submetendo a uma quimioterapia extremamente desagradável. Estou profundamente abalado com isso e minha capacidade de me concentrar no trabalho está prejudicada. Também quero dizer que, recentemente, andei me questionando se minha memória estava muito prejudicada para continuar atuando como terapeuta.

Enquanto falava, fiquei muito desconfiado de mim mesmo: estava, na verdade, dizendo que é o estresse de suportar a doença de minha esposa – não eu. Senti vergonha de mim mesmo: sei que minha memória estava falha antes de minha esposa adoecer. Lembro-me de dar uma caminhada com outro colega vários meses antes e de compartilhar minhas preocupações sobre minha memória. Descrevi minhas atividades matinais e como, depois de terminar de me barbear, tinha esquecido completamente se já havia escovado os dentes.

Só quando percebi que a escova estava molhada é que soube que já a tinha usado. Lembro-me de meu colega comentando (um pouco bruscamente para o meu gosto): "Então, Irv, o que está acontecendo é que você não está gravando eventos".

Emily, que estava ouvindo com atenção, disse:

— Dr. Yalom, essa é uma das coisas que eu queria falar com o senhor. Tenho estado muito preocupada com coisas semelhantes. Estou especialmente preocupada agora com meu problema em reconhecer rostos. Tenho pavor de desenvolver a doença de Alzheimer.

Respondi rapidamente.

— Deixe-me assegurá-la de algo sobre isso, Emily. Sua condição, conhecida como cegueira facial ou prosopagnosia, não é precursora do Alzheimer. Talvez você se interesse em ler algumas obras do maravilhoso neurologista e escritor Oliver Sacks, que também tinha problemas de reconhecimento facial e escreveu de maneira brilhante sobre isso.

— Vou procurar. Estou familiarizada com ele, é um escritor maravilhoso. Eu amei *O homem que confundiu sua mulher com um chapéu*. Ele é britânico, o senhor sabe.

Eu fiz que sim com a cabeça.

— Sou um grande fã dele. Há alguns anos, quando ele estava terrivelmente doente, enviei-lhe uma carta de fã e, algumas semanas depois, recebi um bilhete de seu companheiro dizendo que havia lido meu bilhete para Oliver Sacks poucos dias antes de ele morrer. Deixe-me dizer mais uma coisa, Emily, tenho alguma experiência pessoal com esse problema. Percebo isso mais quando assisto a filmes ou à TV – estou sempre perguntando à minha esposa: "Quem é essa pessoa?". Na verdade, sei que, sem minha esposa, não poderia assistir a muitos filmes. Não sou especialista neste distúrbio e acho que você deveria discutir isso com um neurologista, mas fique tranquila, *não* é sinal de demência precoce.

E assim nossa sessão ou, melhor, nossa conversa íntima, continuou por cinquenta minutos. Não posso ter certeza, mas suspeitei que compartilhar tanto de mim era significativo para ela. De minha parte, tenho certeza de que nunca esquecerei nossa hora juntos porque foi o momento em que tomei a decisão de me aposentar do trabalho da minha vida.

No dia seguinte, Emily ainda estava em minha mente, e enviei a ela um e-mail pedindo desculpas mais uma vez por não estar preparado para nossa sessão e expressei minha esperança de que, mesmo assim, ela pudesse ter se beneficiado de nosso encontro. Ela respondeu no dia seguinte dizendo que ficou muito comovida com meu pedido de desculpas e comentou que era grata por todos os nossos encontros. Refletindo, ela escreveu: "Foram suas ações gentis *entre* os encontros no passado que me comoveram especialmente: me emprestar trinta dólares para um táxi me levar ao aeroporto porque eu não tinha dinheiro americano, uma vez que me permitiu dar-lhe um abraço caloroso quando terminamos, recusando-se a aceitar o pagamento por nossa última sessão, e, agora, uma comovente carta de desculpas. Essas são ações de ser humano para ser humano: não tanto de terapeuta-cliente, e esses momentos fizeram uma enorme diferença para mim (e para meus próprios clientes). É muito encorajador saber que mesmo quando erramos (ou seja, sendo humanos), podemos acertar com autenticidade e gentileza".

Sempre serei grato a Emily por sua carta. Ela neutralizou muito da dor da aposentadoria.

Junho

CAPÍTULO 6

CONTRATEMPOS E ESPERANÇAS RENOVADAS

Junho é normalmente um mês de celebrações familiares: o aniversário de Irv em 13 de junho, o Dia dos Pais em 21 de junho e nosso aniversário de casamento em 27 de junho. Este mês de junho deveria ter sido muito especial – estávamos comemorando nosso 65º aniversário de casamento! Isso nos torna peças genuínas de época, já que poucos americanos alcançam esse marco. As pessoas agora se casam muito mais tarde do que no passado – isto é, se é que se casam. Tínhamos planejado uma celebração de aniversário de gala em 27 de junho, mas decidimos adiá-la até que eu esteja provavelmente "melhor".

No mês passado, fui a um grupo de apoio de Bay Area que foi mantido em Stanford para pacientes com mieloma múltiplo e voltei com uma nova determinação para ser mais proativa em relação à minha doença. Embora admirasse a coragem dos pacientes mais jovens em adotar medidas radicais de tratamento, como transplantes de células-tronco e medula óssea, não estou disposta a seguir esse caminho. Também me pergunto sobre o uso excessivo de drogas e as prescrições de "dosagem única" que podem ter causado meu derrame em fevereiro.

Mas parece que a redução de quimioterapia que tenho feito desde o último mês não está funcionando, e preciso voltar para uma dosagem mais alta. Temo essa mudança porque os efeitos colaterais foram muito graves no passado e não quero sofrer tanto no pouco tempo que me resta. Por enquanto, estou disposta a ver se o retorno ao nível 2 do Velcade (um nível abaixo da dosagem mais alta) será suficiente para controlar a doença.

Esse também foi um momento muito difícil para Irv. Ser psiquiatra é parte integrante de sua identidade, e ele está lutando contra a realidade da aposentadoria. Irv sentirá muita falta da vida como terapeuta, mas sei que encontrará uma maneira de manter sua identidade profissional. Ele responde a muitos e-mails todos os dias, ainda oferece consultas únicas e dirige audiências de terapeutas por meio do Zoom. Mais do que tudo, ele está sempre escrevendo alguma coisa.

Preocupo-me igualmente com seu estado físico, especialmente com sua falta de equilíbrio, que exige uma bengala em casa e um andador ao ar livre. Fico apavorada ao imaginar que ele possa cair e se machucar gravemente.

Formamos um belo par, eu com mieloma e ele com problemas cardíacos e de equilíbrio.

Dois velhos na dança final da vida.

~

No Dia dos Pais, nossos filhos e netos prepararam um almoço fabuloso para nós no pátio com alguns dos pratos favoritos de Irv: berinjela, purê de batata e pastinaca, frango grelhado, salada e bolo de chocolate. Temos muita sorte de ter filhos amorosos que cuidam de nós e com quem podemos contar. Como a maioria dos pais, esperamos que nossos filhos continuem a ser uma "família" mesmo depois que partirmos, mas isso, é claro, não estará mais em nossas mãos.

No momento, todos os filhos e netos estão bem. Nossa neta mais velha, Lily, e sua esposa, Aleida, são felizes no casamento, têm empregos e recentemente compraram uma casa em Oakland. Estou feliz por morarem na Bay Area, onde o casamento entre pessoas do mesmo sexo é geralmente aceito. Nossa neta do meio, Alana, está no último ano da faculdade de Medicina em Tulane e está se preparando para uma carreira em obstetrícia/ginecologia, como a mãe. Lenore, nossa terceira neta, vai começar a pós-graduação em Biologia na Northwestern. Nosso neto mais velho, Jason, concluiu a faculdade no Japão e está trabalhando para uma empresa de arquitetura especializada em desenvolvimento no exterior. Desmond, nosso neto mais novo, acabou de se formar no Hendrix College, em Arkansas, em Matemática e Ciências da computação. Como avó, fico feliz em ver todos eles encaminhados profissionalmente.

Mas é difícil aceitar que não estarei por perto para ver meus três netos mais novos crescerem: Adrian, de 6 anos, Maya, de 3 anos, e Paloma, de 1 ano, todos filhos de Ben e Anisa. Nos primeiros anos de Adrian, nos relacionamos por meio de canções infantis. Eu as lia para ele e, assim, ele aprendeu a recitá-las e representá-las. Eu o vejo em minha mente tendo uma "grande queda" como Humpty Dumpty ou fugindo como o prato e a colher em "Hey Diddle Diddle". Agora que minha expectativa de vida é curta, fico triste por não ver Adrian, Maya e Paloma adolescentes. Eles não me conhecerão, exceto em memórias fugazes. É, Adrian talvez, sempre que ouvir uma canção infantil.

※

Hoje vou fazer a quimio com Velcade. Irv me leva, é claro, e, como sempre, fica comigo durante o procedimento. Primeiro, tenho o sangue coletado no laboratório – sempre um procedimento eficiente e geralmente indolor – e os resultados do laboratório determinam a quantidade exata de Velcade necessária para atingir a dosagem adequada para alguém da minha altura e peso. Sinto-me segura com essa abordagem personalizada, especialmente depois do meu derrame quase mortal.

A injeção de Velcade é administrada por uma enfermeira no Centro de Infusão. A equipe de enfermagem é extremamente eficiente e amigável. Respondem a todas as minhas perguntas, enquanto cuidam para que eu seja coberta com mantas aquecidas e receba suco de maçã para me manter hidratada. A injeção é dada na pele ao redor do abdome e dura apenas alguns segundos. Pela primeira vez, estou feliz por ter aquela porção extra de pele.

Depois, Irv e eu vamos almoçar no Stanford Shopping Center. Percebo durante o almoço que estou realmente tendo prazer em alguma coisa! Espero que os bons sentimentos continuem.

※

Contrariando minhas preocupações, os efeitos colaterais do Velcade não foram graves. Uma das razões pelas quais a injeção de Velcade não é totalmente horrível tem a ver com os comprimidos de esteroides que tomo antes do tratamento. Parecem me deixar menos ansiosa e mais animada do que o normal. Sua única desvantagem é que também me mantêm acordada à noite, então também recorro a poderosos comprimidos para dormir.

Uma noite, nossos vizinhos Lisa e Herman vieram compartilhar uma pizza. Lisa tinha sido diagnosticada com câncer de mama havia dez anos e, após um agressivo tratamento, incluindo mastectomia, radiação e quimioterapia, ela estava em remissão. É válido saber que ela também experimentou quimioterapia e que também teve problemas para dormir nos dias em que tomou esteroides com a quimio. Sua experiência faz meus sintomas adversos parecerem "normais" e possivelmente efêmeros em longo prazo. Agora, aos 65 anos, Lisa continua levando uma vida muito boa, caracterizada pela energia e imaginação que ela e o marido demonstram no trabalho conjunto como psicólogos organizacionais.

Consigo sentar em frente ao computador, responder e-mails e voltar a escrever. Também estou selecionando material para os arquivos de Stanford, para os quais fornecemos artigos e livros há pelo menos uma década. Irv deixou isso comigo, já que não parece se importar com o que acontece com seus papéis. Quando Irv questiona se alguém algum dia vai olhar seus arquivos, eu o recordo de que duas pessoas importantes já os consultaram: Sabine Gisiger para seu filme *A cura de Yalom* e Jeffrey Berman para seu livro sobre a obra de Irv, intitulado *Writing the Talking Cure* (Escrevendo a cura pela fala).

Abro mais uma gaveta cheia de papéis e sinto um aperto insistente em meu coração ao perceber quanto da vida que vivemos morrerá conosco. Artigos em arquivos podem apenas dar pistas sobre a natureza de uma existência. Cabe ao pesquisador, historiador, biógrafo ou cineasta dar vida a materiais tão meticulosamente preservados em contêineres de biblioteca. Alguns dos documentos, como dois artigos que Irv e eu escrevemos juntos sobre "Culpa" e "Viúvas" foram completamente esquecidos até por nós dois. Quando e por que os escrevemos? Já foram publicados?

Algumas peças do nosso passado me fazem sorrir, como, por exemplo, uma carta de 1998 da escritora Tillie Olsen em sua minúscula caligrafia inimitável. Tillie participou de um programa de entrevistas que organizei em Stanford, que foram registradas em um livro chamado *Women Writers of the West Coast* (Escritoras da Costa Oeste), com fotos excelentes de Margo Davis. Tillie podia ser impossível e, ao mesmo tempo, brilhante. Um dia, em uma das minhas aulas em Stanford, ela olhou em volta e comentou: "Não há nada de errado com o privilégio. Todos deveriam ter".

Muito do que encontro pode simplesmente ser jogado fora. Quem quer registros coletados de cem cemitérios americanos diferentes? Ainda assim, me dói jogar fora esses documentos. Cada um representa uma visita a um cemitério específico com meu filho Reid quando viajamos pelos Estados Unidos para nosso livro *The American Resting Place*. Milhões de pessoas ergueram lápides sobre os restos mortais de seus familiares. Há algo de reconfortante em uma pedra marcada, provavelmente para toda a eternidade, com o nome de seu ente querido. Sou grata porque o livro sobreviveu impresso.

Separar os papéis de alguém pode ser uma experiência altamente emocional para qualquer um e, no meu caso – tendo vivido de modo tão pleno no reino da escrita –, às vezes me abala profundamente. Estou chocada ao encontrar um documento intitulado "O que importa" escrito há cerca de dez anos para uma palestra em Stanford. O conteúdo da palestra está muito próximo das minhas preocupações atuais:

> Acordei ontem de manhã com a imagem de um trevo de quatro folhas na minha cabeça. Soube de imediato que estava relacionada à minha palestra de hoje. Sonhos e imagens despertos costumam ser meios para que eu olhe mais profundamente para dentro de mim... Esse foi parcialmente intrigante porque eu já tinha planejado falar sobre três coisas – representadas por três das quatro folhas –, mas não sabia o que a quarta folha deveria representar...
>
> 1. O que importa para mim é minha família e meus amigos próximos. Dessa forma, sou como quase todas as outras pessoas no mundo...
> 2. O que importa para mim é o meu trabalho, não mais como professora, mas como escritora, alcançando leitores dentro e fora do círculo acadêmico...
> 3. O que importa para mim é a Natureza, outra forma de beleza e verdade. Ao longo da minha vida, o mundo natural tem sido uma fonte de prazer, conforto e inspiração...
> 4. E agora lembro o que a quarta folha do trevo representa. Tem a ver com o impulso moral, com a busca de sentido e conexão humana, e com nossa relação com a Natureza, que agora agrupamos sob a palavra "espiritualidade"...

Não há uma diretiva única para todos; cada um deve encontrar o que é importante para si. Mas ao longo do caminho há pistas e placas de sinalização. Aprendi a encontrar meu melhor em muitas fontes, escritas e não escritas: poetas ingleses e americanos, a Bíblia, Proust, Maxine Hong

Kingston, a visão de um bando de codornas e o desabrochar de um botão de rosa. Carrego a memória de pais, professores e colegas, que foram generosos e amorosos. E tenho em meu coração um versículo do Salmo 23: "A bondade e a misericórdia me seguirão todos os dias da minha vida". Tento ser digna dessa frase e passá-la para a próxima geração. Agora, à medida que meu tempo na Terra se aproxima do fim, estou tentando viver meus dias restantes de acordo com esses princípios.

꙳

Apesar dos contratempos, ainda há momentos em que é bom estar viva. Amigos próximos de Stanford e do condado de Marin vieram jantar recentemente, e pude compartilhar três horas com eles. Certamente ajudou o fato de David Spiegel, do Departamento de Psiquiatria de Stanford, e Michael Krasny, mais conhecido por seu programa da rádio KQED, "Fórum", serem adeptos de contar piadas judaicas.

Agora, quando alguns dos efeitos colaterais desagradáveis de minha doença voltam, tento lembrar o quanto ri na companhia desses amigos leais e espirituosos. Recentemente, descobri um proeminente terçol em meu olho direito. Meu oftalmologista disse que eu deveria tratá-lo com compressas quentes e gotas de antibiótico; ele não achava que estava relacionado à doença. Mas agora aparecem mais dois terçóis e começo a ficar preocupada. Irv pesquisa "terçol e mieloma múltiplo" na internet. Com certeza, terçóis são listados como um efeito colateral de Velcade.

O clínico e o hematologista dizem que devo continuar com as compressas quentes, mas nenhum deles sugere abandonar o Velcade. Portanto, aqui estou novamente entre as vantagens de uma droga que prolonga a vida e seus desagradáveis efeitos colaterais. Como disse um cientista no livro *Bottle of Lies* (Garrafa de mentiras), de Katherine Eban, de 2019, "Todos os medicamentos são venenosos. É apenas sob as condições mais controladas que fazem o bem". Ou, como percebi claramente após o desastre causado por tomar Revlimid, a quimio que precipitou meu derrame: a quimioterapia pode prolongar sua vida, isto é, se não matar você primeiro.

Eu me pergunto se algum dia entrarei em remissão. Este verão será o meu último?

Recordo as palavras do livro de Eclesiastes: "Há tempo para todo o propósito debaixo do céu (…) tempo de nascer e tempo de morrer".

Agosto

CAPÍTULO 7
DE OLHOS FIXOS NO SOL, MAIS UMA VEZ

Marilyn e eu temos uma reunião importante com a dra. M., a oncologista responsável por seu tratamento. A dra. M. começa concordando que os efeitos colaterais da quimioterapia foram graves demais para serem suportados por Marilyn, e os resultados laboratoriais indicam que a quimioterapia na dosagem mais baixa é ineficaz. Por isso, ela sugere outra rota, uma abordagem de imunoglobulina, que consiste em infusões semanais que atacariam diretamente as células cancerosas. Ela apresenta dados importantes: 40% dos pacientes têm efeitos colaterais significativos da infusão – dificuldades respiratórias e erupções na pele –, a maioria dos quais pode ser combatida por fortes anti-histamínicos. Dois terços dos pacientes que conseguem suportar os efeitos colaterais apresentam grande melhora. Estou inquieto com sua mensagem de que, se Marilyn está no último terço dos pacientes que não são ajudados por essa abordagem, então não há esperança.

Marilyn concorda com a abordagem da imunoglobulina, mas sem medir as palavras, coloca uma questão ousada:

— Se esta via se revelar intolerável ou ineficaz, você concordaria com a minha reunião com a equipe de cuidados paliativos para discutir a morte assistida?

A dra. M. fica assustada e hesita por alguns segundos, mas então concorda com o pedido de Marilyn e nos encaminha para a dra. S., a chefe da medicina paliativa. Poucos dias depois, encontramos com a dra. S., uma mulher tranquilizadora, muito perspicaz e gentil, que aponta as muitas maneiras pelas quais seu departamento pode ser útil para aliviar os efeitos colaterais dos medicamentos que Marilyn está tomando. Marilyn escuta pacientemente, mas acaba perguntando:

— Qual papel a medicina paliativa pode desempenhar se eu sentir tanto desconforto que deseje acabar com minha vida?

A dra. S. hesita um momento e então responde que, se dois médicos concordarem por escrito, eles a ajudariam a dar fim à sua vida. Marilyn pareceu muito tranquila com essa informação e aceitou embarcar em um mês no novo tratamento com imunoglobulina.

Estou atordoado e sentado ali, abalado, mas, ao mesmo tempo, admirando a franqueza e destemor de Marilyn. As opções estão diminuindo e agora estamos abertamente, quase casualmente, discutindo sobre o fim da vida de Marilyn. Deixo a sessão atordoado e desorientado.

Marilyn e eu passamos o resto do dia juntos: meu primeiro impulso é não perdê-la de vista, ficar perto, segurar sua mão e não soltar. Eu me apaixonei por ela há setenta e três anos e acabamos de comemorar nosso 65º aniversário de casamento. Sei que é incomum adorar tanto outra pessoa e por tanto tempo. Mas, mesmo agora, sempre que ela entra na sala, eu me ilumino. Admiro tudo sobre ela – sua graça, sua beleza, sua bondade e sua sabedoria. Embora nossas origens intelectuais sejam diferentes, compartilhamos um grande amor pela literatura e pelo drama. Além do mundo da ciência, ela é notavelmente bem informada. Sempre que tenho uma pergunta sobre qualquer aspecto das humanidades, ela raramente deixa de me edificar. Nosso relacionamento nem sempre foi tranquilo: tivemos nossas diferenças, nossas brigas, nossas indiscrições, mas sempre fomos francos e honestos um com o outro e sempre, sempre, colocamos nosso relacionamento em primeiro lugar.

Passamos quase toda a nossa vida juntos, mas agora seu diagnóstico de mieloma múltiplo me obriga a pensar sobre uma vida sem ela. Pela primeira vez, sua morte parece não apenas real, mas próxima. É horrível imaginar um mundo sem Marilyn, e a ideia de morrer com ela passa pela minha mente. Nas últimas semanas, falei sobre isso com meus amigos médicos mais próximos. Um deles compartilhou que também considerou a morte se sua esposa morresse. Alguns de meus amigos também considerariam a morte se enfrentassem demência grave. Até conversamos a respeito de métodos, como uma grande dose de morfina, certos antidepressivos, hélio ou outras sugestões da Hemlock Society.

Em meu romance, *O enigma de Espinosa*, escrevo sobre os últimos dias de Hermann Göring em Nuremberg e descrevo como ele enganou o carrasco ao engolir uma cápsula de cianeto escondida de alguma forma em seu corpo. Cápsulas de cianeto foram distribuídas a todos os principais nazistas (Hitler, Goebbels, Himmler, Bormann) e muitos morreram da mesma maneira. Isso foi há setenta e cinco anos! E agora? Onde se pode obter uma cápsula de cianeto hoje em dia?

Mas não pondero sobre essas questões muito antes de as óbvias consequências sombrias aparecerem: o impacto de minha morte sobre meus filhos e toda a nossa rede de amigos. E sobre meus pacientes. Trabalhei por tantos anos em terapia individual e em grupo com viúvas e viúvos, e me dediquei a mantê-los vivos durante aquele primeiro ano doloroso, às vezes dois anos, após a morte de seu cônjuge. Muitas vezes, sorri de prazer ao vê-los melhorar gradualmente e recomeçar a vida. Acabar com minha própria vida seria uma traição ao trabalho deles, ao nosso trabalho. Eu os ajudei a sobreviver à dor e ao sofrimento e, então, quando confrontado com a situação deles, escolho fugir. Não, não posso fazer isso. Ajudar meus pacientes está no âmago da minha vida: é algo que não posso e não vou violar.

❧

Várias semanas se passaram desde minha consulta com a paciente escocesa, que resultou na minha decisão de me aposentar imediatamente do meu trabalho como terapeuta. Continuo realizando consultas de sessão única, talvez quatro ou cinco por semana, no entanto não tenho mais pacientes em andamento. É uma grande perda para mim; sendo terapeuta por tanto tempo, sinto-me à deriva sem meu trabalho e procuro um caminho de vida com propósito. Ainda posso escrever, e este projeto conjunto a Marilyn é um elixir de vida, não só para ela, mas também para mim. Em minha busca por inspiração, abro um grande arquivo antigo intitulado "notas para escrever", contendo ideias que anotei ao longo de muitas décadas.

O arquivo está repleto de narrativas decorrentes da minha terapia com pacientes. Quanto mais leio, mais fascinado fico com todo esse bom material para ensinar jovens terapeutas. Tenho fortes escrúpulos para manter a confidencialidade. Mesmo que este arquivo seja destinado apenas aos meus olhos, nunca uso os nomes reais dos pacientes. Portanto, quanto mais eu lia, mais intrigado ficava. Quem eram aquelas pessoas que tratei havia tanto tempo? Tive muito sucesso em esconder suas identidades e não conseguia mais me lembrar de seus rostos. Além disso, tendo acreditado que minha memória era indestrutível, tornei as coisas piores ao não eliminar qualquer material que já havia usado em livros anteriores.

Se eu tivesse a precaução de me considerar um velho esquecido no fim dos anos 1980 relendo esse arquivo, teria feito anotações como "usado em 19xx ou 20xx em tal e tal livro". Sem essas anotações, surgiu um problema incômodo: sobre quais histórias eu já havia escrito? E em qual livro? Eu corria o risco de me plagiar.

Sem dúvida, é necessário reler alguns dos meus próprios livros: há muitos anos não lia nenhum deles. Quando me viro para a estante que contém minhas obras, a capa amarela brilhante do livro *De olhos fixos no Sol* me chama atenção. É um livro relativamente recente, escrito há cerca de quinze anos, no início dos meus setenta. A tese central do livro é que a ansiedade da morte desempenha um papel muito maior na vida de nossos pacientes do que geralmente se reconhece. Agora, mais perto do fim da minha própria vida e com minha esposa enfrentando uma doença fatal e contemplando o suicídio, me pergunto como o livro vai me afetar. Por tantos anos lutei para confortar meus pacientes que lutavam contra a ansiedade da morte. Agora chegou a minha vez. *De olhos fixos no Sol* pode me ajudar? Posso encontrar conforto em minhas próprias palavras?

Uma passagem estranha em direção ao início do livro me chama atenção – palavras de Milan Kundera, um de meus escritores favoritos. *"O que mais apavora na morte não é a perda do futuro, mas a perda do passado. Na verdade, o ato de esquecer é uma forma de morte sempre presente na vida."*

Esse pensamento tem significado imediato. Soa cada vez mais verdadeiro à medida que fico ciente de partes importantes do meu passado desaparecendo da minha memória. Marilyn me protege disso com sua lembrança surpreendente. Mas quando ela não está disponível, fico pasmo com os buracos em minha memória. Percebo que, quando ela morrer, grande parte do meu passado morrerá com ela. Alguns dias atrás, enquanto ela examinava o material para colocar nos arquivos da Universidade Stanford, encontrou o plano de estudos de um curso intitulado "Morte em vida e literatura", que nós ministramos juntos em Stanford, em 1973. Ela queria relembrar o curso, mas não pude realmente me juntar a ela: ele desapareceu totalmente da minha mente. Não me lembro de nenhuma de nossas palestras, nem do rosto de nenhum de nossos alunos.

Então, sim, Kundera acertou em cheio: *"o ato de esquecer é uma forma de morte sempre presente na vida"*.

Consigo sentir as pontadas de tristeza quando penso em meu passado desaparecido. Sou o único detentor das memórias de tantos indivíduos mortos – meu pai e minha mãe, minha irmã, tantos companheiros de brincadeira, amigos e pacientes de muito tempo atrás, que agora existem apenas como impulsos vacilantes em meu sistema nervoso. Eu sozinho os mantenho vivos.

Em minha mente, vejo meu pai tão claramente. É uma manhã de domingo e, como sempre, estamos sentados em nossa mesa de couro vermelho jogando xadrez. Ele era um homem bonito e penteava os longos cabelos pretos para trás sem uma divisão. Imitei seu estilo de cabelo até entrar no ensino fundamental, quando minha mãe e minha irmã o rejeitaram. Lembro-me de ter vencido a maioria de nossos jogos de xadrez, mas mesmo agora não sei se meu pai me deixou ganhar de propósito. Lembro-me de seu rosto gentil por alguns instantes. Então sua imagem se desvanece e ele retorna ao esquecimento. É triste pensar que, quando eu morrer, ele desaparecerá para sempre. Não haverá mais ninguém vivo que se lembre de seu rosto. Esse pensamento – a natureza transitória do mundo todo da experiência – me faz estremecer.

Recordo-me de uma vez ter contado a meu terapeuta e, mais tarde, a meu amigo Rollo May sobre me lembrar daqueles jogos de xadrez com meu pai. Rollo disse que esperava que eu o mantivesse vivo da mesma maneira. Ele comentou que grande parte da ansiedade tem origem no medo do esquecimento e que *"a ansiedade pelo nada tenta se tornar ansiedade por alguma coisa"*. Em outras palavras, a ansiedade pelo nada rapidamente se liga a um objeto tangível e concreto.

Sinto-me gratificado pelos leitores que me enviam e-mails e me contam o quanto meus livros os moveram e influenciaram. No entanto, espreita em minha mente o conhecimento de que tudo – toda memória, toda influência – é transitório. Em uma geração, talvez duas no máximo, ninguém lerá meus livros ou pensará em mim. Certamente ninguém terá lembranças de mim como um ser material. Não saber disso, não aceitar o desvanecimento da existência, é viver em autoengano.

⚜

Um dos primeiros capítulos do livro *De olhos fixos no Sol* trata da "experiência do despertar", uma experiência que desperta a pessoa para a mortalidade. Escrevi longamente sobre Scrooge em *Um conto de Natal*, de Dickens, que foi visitado pelo fantasma de *Os fantasmas de Scrooge*.

O fantasma oferece a Scrooge uma prévia de sua morte e a reação desinteressada que se seguiu de todos que o conheceram. Despertado para a maneira egoísta e solipsista como viveu, Scrooge passa por uma grande e positiva transformação de personalidade. Outra experiência de despertar bem conhecida ocorre a Ivan Ilitch, de Tolstói, que, em seu leito de morte, percebe que estava morrendo tão mal porque viveu mal. Adquirir esse conhecimento, mesmo no fim da vida, catalisa uma grande transformação.

Testemunhei o impacto dessas experiências de vida em muitos de meus pacientes. Mas não tenho certeza se já experimentei pessoalmente uma experiência de despertar tão dramática e singular. Se sim, ela desapareceu da memória. Em minha residência médica, não consigo me lembrar de nenhum paciente que morreu sob meus cuidados. Nem eu, ou qualquer um dos meus amigos mais próximos, chegamos perto da morte. Mesmo assim, frequentemente tenho pensado muito sobre a morte – a minha morte – e supus que minhas preocupações eram universais.

Quando decidi que a psicoterapia seria o trabalho da minha vida e comecei minha residência psiquiátrica na Johns Hopkins, em 1957, fiquei desapontado e perplexo com minha primeira exposição ao pensamento psicanalítico, especialmente em sua desatenção a questões mais profundas ligadas à mortalidade. Durante meu primeiro ano de residência, fiquei intrigado com o novo livro de Rollo May, *Existência*. Li-o avidamente do início ao fim e entendi que o trabalho de muitos filósofos existenciais era altamente relevante para o meu campo. Concluí que era fundamental para mim obter uma formação em filosofia e, durante meu segundo ano de residência, frequentei assiduamente um curso de graduação de um ano em filosofia ocidental, encontrando-me três vezes por semana à noite no campus de graduação da Hopkins, do outro lado de Baltimore a partir do hospital e de nossa residência. O curso aprofundou meu apetite pela filosofia, e li muito naquele campo. Quando vim para Stanford, anos depois, participei de muitos cursos de filosofia e até hoje sou amigo de meus dois professores favoritos, Dagfinn Follesdal e Van Harvey.

Em meus primeiros anos como terapeuta, tomei nota das experiências de despertar relatadas por meus pacientes. Em *De olhos fixos no Sol*, descrevo uma de minhas pacientes de longa data, cujo marido morreu no meio de nossa terapia. Pouco depois, ela decidiu se mudar da enorme casa onde havia criado os filhos para um pequeno apartamento de dois quartos. Repetidamente, ficava desapontada ao doar itens saturados de lembranças de seu marido e filhos, sabendo que estranhos usariam esses itens sem ter conhecimento das histórias associadas a cada um deles. Lembro-me de me sentir extraordinariamente próximo dela. Imaginei estar na mesma posição. Conhecia seu falecido marido, um professor de Stanford, e podia sentir sua dor quando ela precisou se desfazer de tantas lembranças da vida que levaram juntos.

Comecei a explorar caminhos para trazer o confronto com a morte para a psicoterapia quando era professor em Stanford. Tratei um grande número de pacientes que tiveram uma doença fatal e comecei a pensar em liderar um grupo de terapia para esses indivíduos. Num dia memorável, Katie W., uma mulher notável com câncer metastático, entrou em meu consultório e, por meio de seus contatos com a Associação Americana de Câncer, nós organizamos um programa de terapia em grupo para pacientes que estavam morrendo de câncer metastático. Eu e vários de meus alunos e colegas lideramos esses grupos por muitos anos. Embora sejam comuns hoje, em 1970 esse foi, até onde sei, o primeiro grupo desse tipo oferecido em algum lugar. Foi lá que tive minhas primeiras exposições inesquecíveis à morte, pois, um por um, os membros de meus grupos morreram de câncer.

Durante essa experiência, minha própria ansiedade em relação à morte disparou e decidi fazer terapia outra vez. Por pura coincidência, Rollo May mudou-se de Nova York para a Califórnia e abriu um consultório em sua casa em Tiburon, a cerca de oitenta minutos de carro de Stanford. Entrei em contato com ele e nos encontramos semanalmente nos dois anos seguintes. Ele foi útil para mim, embora eu acredite que, mais de uma vez, minhas discussões sobre a morte o afetaram. (Ele era vinte e dois anos mais velho.) Depois que nosso tratamento terminou, nós dois, sua esposa Georgia e Marilyn nos tornamos amigos íntimos. Anos depois, Georgia telefonou para dizer que Rollo estava morrendo, e pediu que Marilyn e eu fôssemos à casa deles. Corremos para fazer vigília com Georgia ao lado de sua cama, e Rollo morreu cerca de duas horas depois de nossa chegada. É estranho como me lembro com lucidez de cada detalhe daquela noite. A morte tem uma maneira de chamar sua atenção e gravar-se permanentemente em sua memória.

※

Continuo lendo *De olhos fixos no Sol* e me deparo com uma discussão sobre reuniões de escola e faculdade, que sempre aumentam a consciência do envelhecimento e, inevitavelmente, da morte. Isso lembra um evento ocorrido apenas dois meses antes.

Fui a um almoço em homenagem a David Hamburg, o ex-diretor de psiquiatria de Stanford. Eu me preocupava profundamente com David: ele me ofereceu minha primeira e única posição acadêmica e se tornou um importante mentor e modelo para mim. Minha expectativa era de que o almoço fosse uma reunião, e eu veria todos os meus antigos colegas e amigos da faculdade de Psiquiatria de Stanford. Embora houvesse uma grande multidão no evento, apenas dois membros do primeiro Departamento de Psiquiatria estavam presentes. Ambos eram bastante idosos – mas os dois haviam ingressado no departamento muitos anos depois de eu ter vindo para Stanford. Que decepção: eu esperava muito me reunir com os doze Jovens Turcos que se juntaram comigo ao departamento cinquenta e sete anos atrás, quando a incipiente faculdade de medicina foi inaugurada em Palo Alto.

(Até então, a Escola de Medicina de Stanford estava localizada em San Francisco.)

Depois de vagar durante o almoço, conversando, perguntando sobre velhos colegas, percebi que, fora eu, os outros Jovens Turcos estavam mortos. Eu era o único que ainda estava vivo! Tentei trazê-los à mente – Pete, Frank, Alberta, Betty, Gig, Ernie, dois Davids, dois Georges. Visualizei a maioria de seus rostos, mas alguns nomes haviam sumido. Todos nós éramos psiquiatras tão jovens, brilhantes e de olhos cintilantes, todos cheios de esperança e ambição, todos apenas começando suas carreiras.

Não posso deixar de me maravilhar com o poder da negação. Repetidamente, esqueço minha idade e que meus primeiros colegas e amigos estão todos mortos e que sou o próximo na fila. Continuo a me identificar com o meu eu jovem até que algum confronto severo me puxa de volta à realidade.

Continuo lendo, e uma passagem do livro *De olhos fixos no Sol* me chama atenção. Descrevo uma entrevista com uma paciente em luto, que perdeu uma amiga querida, e desenvolveu uma ansiedade incapacitante sobre a morte.

— O que você mais teme sobre a morte? — perguntei.

Ela respondeu:

— Todas as coisas que eu não teria feito.

Isso parece extraordinariamente importante; tem sido o cerne do meu trabalho terapêutico. Por muitos anos, estive convencido de que existe uma correlação positiva entre a ansiedade em relação à morte e a sensação de uma vida não vivida. Em outras palavras: quanto mais não vivida sua vida, maior sua ansiedade sobre a morte.

~§~

Poucas coisas nos confrontam com a mortalidade com tanta força quanto a morte de uma pessoa especial. Em uma seção anterior de *De olhos fixos no Sol*, descrevo o pesadelo horrendo de uma paciente alguns dias após a morte do marido. "Estou na varanda de uma frágil casa de campo e aterrorizada por uma grande fera ameaçadora. Tentei acalmá-la jogando-lhe uma boneca vestida de xadrez vermelho. A fera devorou a boneca, mas continuou a me encarar." O significado do sonho era claro como cristal. Seu marido morreu vestindo um pijama xadrez vermelho, e o sonho diz a ela que a morte é implacável: a morte de seu marido não foi suficiente. Ela também era presa da fera.

A doença de minha esposa significa que ela, muito provavelmente, morrerá antes de mim. Mas minha vez chegará logo depois. Estranhamente, não sinto terror com minha morte. Em vez disso, meu terror vem do pensamento da vida sem Marilyn. Sim, eu sei que as pesquisas, algumas delas minhas, nos informam que o luto é finito e que, uma vez que passamos pelos eventos de um ano – as quatro estações, os aniversários e dias da morte, os feriados, os doze meses inteiros –, a nossa dor diminui. Quando passarmos pelo ciclo anual duas vezes, quase todos nós voltaremos a ter vida. Isso é o que escrevi, mas duvido que funcione dessa maneira para mim. Eu amo Marilyn desde os meus 15 anos e, sem ela, não consigo imaginar ser totalmente capaz de voltar à vida. Minha vida foi vivida plenamente. Todas as minhas ambições foram satisfeitas. Meus quatro filhos e netos mais velhos estão todos totalmente encaminhados. Não sou mais indispensável.

Uma noite, estou particularmente perturbado por sonhos sobre a morte de Marilyn. Lembro-me de apenas um detalhe: estava expressando vigorosamente minha insatisfação por ser enterrado ao lado dela (havia muito tempo tínhamos comprado dois jazigos adjacentes). Em vez disso, queria que estivéssemos mais perto, para sermos enterrados no mesmo caixão! Quando conto isso a Marilyn pela manhã, ela me informa que não é possível. Anos atrás, ela e meu filho fotógrafo, Reid, visitaram cemitérios em todo o país para o livro que escreveram juntos. Em todas as suas pesquisas, ela nunca encontrou um caixão para dois.

Agosto

CAPÍTULO 8

AFINAL, DE QUEM É A MORTE?

Acabei de ler o capítulo de Irv sobre a releitura de *De olhos fixos no Sol*. Estou comovida e inquieta. Ele já está lamentando minha morte. Que estranho ser eu quem provavelmente morrerá primeiro, quando em termos estatísticos é mais frequente que o marido morra antes. Até a língua inglesa revela a diferença esperada entre os gêneros. "Widower" (viúvo) para o marido tem como raiz a palavra "widow" (viúva), para a esposa. Mais comumente, quando há duas formas de gênero para a mesma palavra, a raiz é masculina, "herói / heroína" ou "poeta / poetisa". Mas aqui a raiz feminina fala pela prevalência estatística de mulheres vivendo mais que seus maridos.

Não consigo pensar na viuvez de Irv. Fico muito triste em imaginá-lo sozinho, mas meu foco permanece, como nos últimos oito meses, em minha própria condição física. Os meses de quimioterapia que quase me mataram e os efeitos colaterais devastadores daquele segundo medicamento, o Velcade, cobraram seu preço. Meu novo tratamento com imunoglobulina é menos debilitante e, às vezes, me permite alguns momentos de prazer com Irv, meus filhos, netos e amigos que vêm me visitar. Mas quem sabe se esse tratamento será eficaz?

Já nos encontramos com a dra. S., a chefe de cuidados paliativos de Stanford, uma mulher adorável que tem a enorme responsabilidade de ajudar os pacientes no fim de suas vidas. Se a dra. M. me disser que o tratamento com imunoglobulina não está funcionando, acredito que devo optar por cuidados paliativos e, eventualmente, morte assistida. Não quero passar por mais medidas dramáticas.

Mas essa decisão será só minha?

⁓

Quando nossos queridos amigos Helen e David nos trazem o jantar, digo a eles que os cuidados paliativos e a morte assistida seriam um alívio se meu tratamento atual não fosse eficaz.

David rapidamente retruca: "Seu corpo tem apenas um voto".

Ocorre-me, como muitas vezes neste ano, que minha morte não é só minha. Terei de compartilhá-la com aqueles que me amam, em primeiro lugar com Irv, mas também com outros membros da família e amigos próximos. Embora meu círculo de amigos sempre tenha sido importante para mim, estou surpresa com a profundidade da preocupação que muitos deles demonstraram ao ouvir a notícia de minha doença. Que felicidade estar cercada por pessoas tão afetuosas!

Quando a lista de telefonemas e e-mails tornou-se muito numerosa para que eu respondesse individualmente, dei um passo ousado e escrevi um e-mail coletivo para cerca de cinquenta amigos. Esta é a mensagem:

> Caros amigos,
>
> Perdoem-me por enviar esta carta coletiva em vez de mensagens individuais. Agradeço a cada um de vocês por suas palavras de incentivo durante esses seis meses – por suas visitas, cartões, flores, comida e outras expressões de afeto. Sem o apoio da família e dos amigos, eu nunca teria chegado tão longe.
>
> Por várias razões, agora estamos abandonando o tratamento de quimio e começando algo novo chamado imunoglobulina intravenosa, que não tem os efeitos colaterais devastadores da quimio, mas que talvez seja menos eficaz. Saberemos se está funcionando em um ou dois meses.
>
> Se, e quando, eu estiver em melhor forma, espero entrar em contato com cada um de vocês individualmente e agen-

dar um telefonema ou visita. Nesse meio-tempo, saibam que seus pensamentos e, em alguns casos, orações alegram meu coração e me sustentam enquanto trabalho com a equipe médica de Stanford para prolongar minha vida.

Com amor a cada um de vocês,
Marilyn.

Sinto-me um pouco estranha por ter enviado uma carta tão coletiva. Ainda assim, dadas as inúmeras respostas que recebi, estou feliz por ter feito isso: eles me deram razões adicionais para tentar permanecer viva.

Penso em meu amigo diplomata francês, que tem uma doença muito debilitante. Certa vez, ele me disse que não tinha medo da morte (*la mort*), mas certamente temia morrer (*mourir*). Também não tenho medo da morte em si, mas o processo de morrer em doses diárias é, muitas vezes, insuportável. Há meses venho me acostumando com a ideia de minha morte iminente. Como Irv e eu contemplamos o tema morte por décadas, tanto em nosso ensino conjunto quanto em seus escritos, pareço conseguir enfrentar a ideia com um grau de calma que surpreende meus amigos. Às vezes me pergunto se a calma é apenas um verniz e se, no fundo, eu também estou apavorada.

Recentemente, meu poço de angústia oculta se transformou em um sonho vívido. Nele, estou falando ao telefone com uma amiga e ela me conta que seu filho adulto havia morrido no dia anterior. Começo a gritar e acordo chorando convulsivamente.

Na vida real, essa amiga nem tem filho.

Então, pela morte de quem estou chorando? Provavelmente pela minha.

Agosto

CAPÍTULO 9
ENFRENTANDO O FIM

Marilyn e eu chegamos à clínica às oito da manhã para a terapia com imunoglobulina. Sento-me ao lado dela por nove horas enquanto o medicamento é administrado através de um gotejamento intravenoso lento. Eu a observo com cuidado, temendo uma forte reação à droga. Mas estou exultante ao ver que ela permanece confortável, não tem nenhuma reação negativa ao medicamento e dorme grande parte do tempo.

Uma vez em casa, a noite que se segue é celestial. Assistimos ao primeiro episódio de uma antiga série da BBC, *Martin Chuzzlewit*, com Paul Scofield. Nós dois somos apaixonados por Dickens (especialmente eu – ela sempre coloca Proust em primeiro lugar). Por muitos anos, sempre que viajava aos Estados Unidos ou ao exterior para dar uma palestra, passei parte do meu tempo livre visitando livrarias de antiquários, a partir das quais fui construindo gradualmente uma enorme coleção das primeiras edições de Dickens.

Enquanto assistimos à produção da TV, fico hipnotizado pelo incrível elenco de personagens. Mas, infelizmente, há tantos personagens introduzidos ao mesmo tempo que meus problemas com o reconhecimento facial me deixam perplexo. Não poderia assistir ao programa sem que Marilyn identificasse quem é quem. Depois de desligarmos a TV, Marilyn vai até a sala e pega a primeira parte de *Martin Chuzzlewit*. (Os principais romances de Dickens foram publicados em vinte partes. Uma vez por mês, uma parte era lançada e entregue por uma imensa frota de carrinhos amarelos para multidões ansiosas para comprar o novo fascículo.)

Marilyn abre a primeira parte e, com muita animação, começa a ler em voz alta. Enquanto me inclino para trás na cadeira, segurando sua mão solta, sussurro em êxtase, ouvindo cada palavra. Este é o paraíso: que bênção ter uma esposa que se delicia em ler a prosa de Dickens em voz alta. Um momento mágico para mim, um dos muitos momentos que ela me proporcionou desde que éramos adolescentes.

❦

Mas eu sei que isso é apenas um breve intervalo da tarefa sombria de enfrentar a mortalidade, e no dia seguinte continuo procurando ajuda nas páginas de *De olhos fixos no Sol* e chego à minha discussão sobre Epicuro (341-270 a.C.), que ofereceu a crentes não religiosos como eu três argumentos lúcidos e poderosos para aliviar a ansiedade sobre a morte. O primeiro argumento afirma que, uma vez que a alma é mortal e perece com o corpo, não teremos consciência e, portanto, nada a temer após a morte. A segunda afirma que, uma vez que a alma é mortal e dispersa na morte, não temos nada a temer. Portanto, "onde está a morte, eu não estou. Por que temer algo que nunca podemos perceber?".

Ambos parecem óbvios e oferecem algum conforto, mas é o terceiro argumento de Epicuro que sempre teve o maior apelo para mim. Ele postula que o estado de inexistência de uma pessoa após a morte é idêntico ao estado de inexistência em que se encontrava antes do nascimento.

Algumas páginas depois, encontro minha descrição de "propagação" – a ideia de que as ações e ideias de uma pessoa se propagam para outras, bem como as ondulações criadas ao jogar uma pedra em um lago. Esse pensamento também é extremamente importante para mim. Quando dou algo a meus pacientes, sei que de alguma forma eles, por sua vez, encontrarão uma maneira de passar meu presente a outras pessoas, e assim por diante. Esse tema é inerente ao meu trabalho desde que comecei a praticar psicoterapia, há mais de sessenta anos.

Hoje não sofro excessivamente com a ansiedade sobre a morte, isto é, a ansiedade sobre a minha própria morte. Minha verdadeira angústia provém da ideia de perder Marilyn para sempre. Às vezes, por um momento, tenho um lampejo de ressentimento por ela ter o privilégio de morrer primeiro. Parece muito mais fácil assim.

Fico constantemente ao lado dela. Seguro sua mão enquanto adormecemos. Cuido dela de todas as maneiras possíveis. E nesses últimos meses raramente deixo passar uma hora sem sair do meu escritório e caminhar os 36 metros até a casa para vê-la. Não costumo me permitir pensar sobre minha própria morte, mas, por causa deste livro, vou libertar minha imaginação. Quando eu estiver enfrentando a morte, não haverá Marilyn pairando, sempre disponível, sempre ao meu lado. Não haverá ninguém segurando minha mão. Sim, meus quatro filhos e meus oito netos e muitos amigos vão passar um tempo comigo, mas, infelizmente, não terão o poder de penetrar nas profundezas do meu isolamento.

Tento lidar com a perda de Marilyn pensando em tudo que perdi e no que restará. Não tenho dúvidas de que, quando Marilyn morrer, ela levará muito de minha vida passada com ela, e esse pensamento me leva à angústia. Claro, visitei muitos lugares sem Marilyn – palestras, workshops e muitas excursões de mergulho com snorkel ou tanque de oxigênio, minhas viagens do exército ao Oriente, meu retiro de Vipassana na Índia –, mas grande parte da memória dessas experiências já se apagou. Recentemente, assistimos a um filme, *Tokyo Story*, e Marilyn me lembrou de nossa viagem a Tóquio, quando vimos muitos dos prédios e parques mostrados no filme. Não me lembrei de nenhum deles.

— Lembra? — ela me lembrou. — Você consultou por três ou mais dias no Hospital Kurosawa e depois visitamos Kyoto.

Sim, sim, agora tudo começou a voltar à minha mente – as palestras que dei, a demonstração de um grupo de terapia com a equipe assumindo o papel de pacientes, as festas maravilhosas oferecidas para nós. Mas, sem Marilyn, é improvável que eu tivesse me lembrado disso. Perder tanto da minha vida quando ainda vivo – isso é realmente assustador. Sem ela, as ilhas, as praias, os amigos em cidades de todo o mundo, muitas das viagens maravilhosas que fizemos juntos irão desaparecer com algumas memórias desbotadas.

Continuo navegando em *De olhos fixos no Sol* e chego a uma seção que havia esquecido completamente. É um relato de sessões finais com dois mentores importantes: John Whitehorn e Jerome Frank, ambos professores de psiquiatria na Johns Hopkins. Quando eu era um jovem professor em Stanford, fiquei muito surpreso com um telefonema da filha de John Whitehorn. Ela me disse que seu pai teve um derrame grave e que pediu para me ver antes de morrer. Eu admirava muito John Whitehorn, ele era meu professor – e tive contato profissional com ele. Mas nunca, nem uma vez, tivemos um encontro pessoal. Ele sempre foi rígido e formal, sempre foi Doutor Whitehorn e Doutor Yalom. Nunca ouvi ninguém, outros membros do corpo docente, até mesmo presidentes de outros departamentos, se referir a ele pelo primeiro nome.

Por que eu? Por que pediria para me ver, um aluno com quem ele nunca teve um momento íntimo? Mas fiquei tão emocionado que ele se lembrou de mim e pediu para me ver que, algumas horas depois, eu estava em um avião para Baltimore, onde peguei um táxi direto para o hospital. Quando entrei em seu quarto, o dr. Whitehorn me reconheceu, mas estava agitado e confuso. Repetidamente, ele sussurrava baixinho: "Estou com tanto medo". Eu me senti impotente e desejei muito poder ter oferecido alguma ajuda. Pensei em abraçá-lo, mas ninguém abraçava John Whitehorn. Então, cerca de vinte minutos depois de eu chegar, ele caiu inconsciente. Cheio de tristeza, saí do hospital. Supus que, de alguma maneira, eu tinha significado algo para ele, talvez como um substituto para o próprio filho que morreu durante a Segunda Guerra Mundial. Lembro-me de seu olhar melancólico quando me disse que seu filho havia morrido na Batalha do Bulge, e então acrescentou: "Aquele maldito moedor de carne".

Minha última visita a Jerome Frank, meu principal mentor na Johns Hopkins, foi significativamente diferente. Nos últimos meses de vida, Jerry Frank sofreu de demência severa e eu o visitei em uma casa de repouso em Baltimore. Eu o vi sentado olhando pela janela e peguei uma cadeira para me sentar ao lado dele. Ele era um homem amável e gentil, e sempre gostei de sua companhia. Perguntei a ele como era sua vida agora.

— Todos os dias um novo dia — respondeu ele. — Eu acordo e uau.
— Ele passou a mão na testa. — Ontem já passou. Mas eu sento nesta cadeira e vejo a vida passar. Não é tão ruim, Irv. Não é tão ruim.

Isso me atingiu em cheio. Há muito tempo eu temia mais a demência do que a morte. Mas, agora, as palavras de Jerry Frank, "não é tão ruim, Irv", me assustaram e comoveram. Meu antigo mentor estava dizendo: "Irv, você, sendo você, tem apenas esta vida. Aproveite cada momento deste fenômeno incrível chamado 'consciência' e não se afogue em remorso pelo que já teve!". Suas palavras têm poder e temperam meu terror da demência.

Outra passagem do meu livro *De olhos fixos no Sol* também oferece ajuda. Em uma seção intitulada "A alegria do amor", discuto como uma paixão deslumbrante empurra todas as outras preocupações para fora da mesa. Observe como uma criança agitada sobe no colo de sua mãe e é rapidamente acalmada enquanto todas as preocupações com os problemas evaporam. Descrevi isso como "o solitário 'eu' dissolvendo-se no 'nós' ".

A dor do isolamento se evapora. Isso realmente faz sentido para mim. Uma existência sendo apaixonado por Marilyn, sem dúvida, me protegeu de experimentar a profunda solidão do isolamento, e boa parte da minha dor atual surge da solidão antecipada.

Eu imagino minha vida após a morte de Marilyn, e imagino noite após noite vivendo sozinho em minha grande casa vazia. Tenho muitos amigos, filhos e netos, até mesmo um bisneto, e vizinhos atenciosos e gentis, mas carecem da magia de Marilyn. A tarefa de suportar essa solidão fundamental parece esmagadora. Então me consolo novamente nas palavras de Jerry Frank: "Sento-me nesta cadeira e vejo a vida passar. Não é tão ruim, Irv".

Agosto

CAPÍTULO 10
CONSIDERANDO A MORTE ASSISTIDA

Vou fazer a terceira sessão do tratamento com imunoglobulina no Hospital de Stanford. Irv me acompanha às onze horas e fica comigo até as cinco da tarde, exceto por algumas horas que ele sai para almoçar e descansar. Durante esse tempo, minha querida amiga Vida se senta comigo e me consola. Ela tem sido mais do que atenciosa durante a minha doença, fazendo visitas com frequência e trazendo comida saborosa e leve para o estômago. Hoje ela me traz frango, arroz e cenouras cozidas.

Curiosamente, o dia que passo no hospital é um dos mais calmos da semana, sem efeitos colaterais adversos. A equipe é sempre cortês, experiente e eficiente. Deito-me em uma cama confortável e recebo uma dosagem de medicamento que pinga lentamente em meu corpo. Quando saio, sinto-me descansada e de bom humor, provavelmente devido aos esteroides dados antes de começar o gotejamento intravenoso.

Quando saímos do hospital, fico comovida com a ideia de que nosso filho "bebê", Ben, nasceu em outra ala desse hospital há quase exatamente cinquenta anos. Amanhã, ele, sua esposa Anisa e seus três filhos chegarão para celebrar o quinquagésimo aniversário de Ben conosco. Já arrumamos as camas extras no escritório de Irv e no meu, e farei tudo o que puder para não parecer uma velhinha moribunda para meus netos.

A família de Ben passa o fim de semana conosco. No sábado, damos uma festa no parque próximo para comemorar seu aniversário.

Embora os convites tenham sido enviados há apenas uma semana, a maioria de seus amigos está lá. Alguns deles conheceram Ben na escola primária, outros no ensino médio e na faculdade, e em alguns de seus verões em Camp Tawonga, nas Sierras.

É um prazer ver esses "meninos" – agora homens de meia-idade com esposa e filhos, desde crianças até adolescentes. Ben sempre teve uma grande capacidade de fazer amigos e fico feliz em ver que ele e os amigos continuaram leais uns aos outros.

Meu maior prazer, claro, é passar tempo com os filhos de Ben e Ani: Adrian aos 6, Maya aos 3 e Paloma com 1. As meninas são tão doces quanto podem ser, e Adrian, quando não está fazendo pirraça, é um verdadeiro charme. Ele tem a vantagem – ou a desvantagem – de ser extremamente bonito, tendo herdado de sua mãe os olhos azuis muito espaçados, os cabelos loiros e um rosto angelical. Além disso, ele é muito inteligente e articulado. Mas quando é dominado por um de seus ataques, ele se transforma em um diabinho proverbial. Estou surpresa com a paciência dos pais com ele e sua crença duramente testada, apoiada pelo melhor conselho psiquiátrico, de que ele acabará por superar seu comportamento questionável. Antes de partirem, Adrian me dá um beijo de despedida e diz: "Acho que vou te ver no Dia de Ação de Graças". No fundo, eu me pergunto em que condições estarei no Dia de Ação de Graças. Eu me pergunto se estarei aqui.

No dia em que eles partem, fico doente de novo com os velhos demônios da náusea e do intestino solto, provavelmente devido à comida que me permiti comer na festa de Ben. Quando isso acontece, fico tão infeliz que gostaria de poder sair desta vida em paz, sem mais sofrimento. Minhas preocupações com as outras pessoas somem, até minha tristeza com a ideia de nunca mais ver meus entes queridos.

Eventualmente, com medicação antináusea, coloco a situação física sob controle, mas meus medos não vão embora e encontram expressão em um sonho aterrorizante de uma soneca. Estou ao telefone com uma colega que, na vida real, teve vários episódios de câncer de mama. Nós estamos trabalhando juntas em um projeto, cujos arquivos tento encontrar em meu computador. Continuo pressionando títulos diferentes, mas não consigo abrir nada que se pareça com o nosso projeto. A certa altura, clico em um ícone na área de trabalho do computador e, em vez de um arquivo, recebo uma resposta auditiva tão ensurdecedora que não conseguia ouvir a voz da minha colega do outro lado da linha. O ruído fica cada vez mais alto e não há como desligar o som. Entro em pânico e tento puxar o cabo do computador, mas nem isso funciona. O barulho parece estar vindo de todos os lugares. Corro pela casa procurando todas as outras tomadas, gritando: "Ajude-me, ajude-me a desconectar os cabos".

Não demorou muito para que meu marido psiquiatra analisasse o sonho e visse nele meu desejo de acabar com uma vida agonizante.

~

Irv me leva novamente ao hospital para a infusão semanal de imunoglobina. Tudo vai muito bem, incluindo a longa soneca que tiro como resultado do Benadryl que tomo antes da imunoterapia. Quando acordo, Irv está sentado ao meu lado e pergunta como me sinto. Normalmente eu digo algo como "ok" ou "mais ou menos" para poupá-lo da minha tristeza. Mas hoje, à luz de nossa consulta amanhã com a dra. M., decido ser mais franca do que de costume.

— Bem, se você está disposto a ouvir a verdade, há muito tempo sinto que estou pagando um preço muito alto para permanecer viva. Tive nove meses de quimioterapia e agora tratamento com imunoglobulina, e o estrago em meu corpo me modificou. Acordo todas as manhãs e depois de cada cochilo com uma aversão a me levantar. Por quanto tempo mais devo viver para ter permissão de morrer?

— Mas às vezes você se diverte, como quando nos sentamos juntos ao ar livre de mãos dadas ou assistimos à televisão à noite.

— Divertir... *c'est beaucoup dire*. Quando não estou realmente sofrendo de problemas estomacais, suporto minha condição física e fico feliz por estar com você. Você é a principal razão que tenho para permanecer viva. Você sabe, quando fui diagnosticada com mieloma múltiplo, os médicos me disseram sorridentes que as pessoas podem viver anos com a doença, isto é, se responderem positivamente à quimioterapia e outras formas de tratamento. Não disseram que eu estava morrendo e que os tratamentos prejudicariam permanentemente meu corpo. Aos poucos, compreendi que nunca mais seria a mesma – que passaria por dias de miséria indescritível, enquanto meu corpo declinaria e enfraqueceria. Se eu pudesse colocá-lo em meu corpo por apenas alguns minutos, você entenderia.

Irv ficou em silêncio por um longo tempo. Em seguida, ele rebateu:

— Não é suficiente que você ainda esteja viva? Que quando você for, não haverá nada depois? E eu não estou pronto para deixar você ir.

— Irv, durante estes últimos nove meses, acho que cheguei a um acordo com a morte. Afinal, tenho 87 anos e tive uma vida ótima. Se eu tivesse quarenta, cinquenta ou sessenta anos, seria uma tragédia, mas agora, para mim, a morte é uma realidade inevitável. Se eu morrer em três meses ou mais, acho que posso aceitar o fato. Sim, claro, ficarei triste por deixar as pessoas que eu amo, especialmente você.

ஒ

Há duas coisas na escrita de Irv que influenciaram em como agora vejo a morte. A primeira é o que ele escreveu sobre a vida não vivida. Eu sou uma das sortudas que morrerão sem arrependimentos, portanto, será mais fácil enfrentar a morte. Certamente, não sinto nada além de gratidão por Irv, meus filhos, meus amigos, os médicos de Stanford e as circunstâncias materiais que tornaram possível viver meus últimos dias em um ambiente confortável.

A segunda coisa da escrita de Irv que continua girando em minha cabeça é a frase de Nietzsche: "Morra na hora certa". É contra isso que estou lutando agora. Qual é a hora certa para eu morrer? Faz sentido prolongar minha vida se isso significa continuar a conviver com tanto sofrimento físico? E se a dra. M. nos disser que o tratamento com imunoglobulina não está funcionando? E se ela propuser algum outro tratamento? Eu reagiria da seguinte forma: escolheria deixar os médicos dos paliativos assumirem e me ajudarem a morrer da forma mais indolor possível. E pediria por morte assistida.

Parece-me que a decisão de viver ou morrer deve ser principalmente minha. E estou começando a sentir que a "hora certa para morrer" não é um período hipotético de meses e anos no futuro, mas mais cedo ou mais tarde. Até comecei a me desligar de objetos e pessoas. Da última vez que nossa neta, Lily, me visitou, dei a ela algo que eu amava – uma página de um manuscrito medieval comprado no cais de Paris quando eu era estudante lá. Dei a Alana uma jaqueta muito especial que ela admirava há muito tempo. E dei a Anisa um colar de prata com um coração contendo pequenos diamantes. Ficou tão lindo nela.

Mas, mais do que isso, estou tentando me distanciar um pouco das pessoas que mais amo. Foi bom ver os filhos de Ben recentemente, sentir que vão ficar bem. Mesmo assim, não quero me preocupar muito com eles ou com alguém da família – Irv é o único em quem preciso pensar. Claro, depende muito do que a dra. M. tem a dizer, mas sei que terei de pedir a Irv que não me pressione demais para compartilhar de sua opinião de que vale a pena permanecer viva a todo custo.

CAPÍTULO 11
UMA TENSA CONTAGEM REGRESSIVA ATÉ QUINTA

Toda quarta-feira fico sentado por longas horas ao lado da cama de hospital de Marilyn, esperando que ela aguente a infusão intravenosa. Para minha surpresa e alívio, ela não teve reações negativas imediatas à droga e nossas quartas-feiras foram bastante pacíficas. A cada semana, ao chegar ao centro, Marilyn tira sangue e esperamos uma hora até que os resultados do laboratório determinem sua dosagem naquele dia. Então, em uma pequena sala privada, seu tratamento intravenoso é iniciado e Marilyn logo adormece. Sento-me ao lado da cama por quatro a seis horas, lendo jornais, escrevendo e-mails no meu laptop e lendo um romance no meu iPad. (*Tess of the d'Urbervilles*, de Thomas Hardy, me absorve tanto que as horas passam rapidamente.)

Nesta quarta-feira, decido visitar a Biblioteca Médica Lane enquanto Marilyn dorme. Eu esperava ler algumas edições recentes de periódicos de psiquiatria – algo que, tenho vergonha de admitir, não fazia há muito tempo. Lembro-me de passar muitas horas na Biblioteca Lane ao longo de quarenta anos, enquanto membro do corpo docente do Departamento de Psiquiatria de Stanford, e relembro com prazer a vasta sala de leitura de periódicos onde edições recentes de incontáveis periódicos médicos eram expostos e lidos por um grande número de estudantes de medicina, funcionários internos e professores.

Disseram-me que a biblioteca fica a apenas dez minutos andando pelo hospital. A Biblioteca Lane na Escola de Medicina de Stanford é um anexo do hospital. A enfermeira-assistente de Marilyn aponta a direção para a biblioteca, e saio vagarosamente. Mas nada no hospital é o mesmo: fico imediatamente perdido e peço informações várias vezes até que alguém com um distintivo oficial tem pena do velhote com uma bengala, vagando vacilante pelas passagens dos corredores do hospital, e pessoalmente me acompanha até a biblioteca. Mesmo assim, temos que parar em pontos de verificação antes de cada ala, onde devo mostrar meu cartão de docente aos guardas.

Depois de apresentar a carteira de identidade na biblioteca, entro, agradavelmente antecipando meu retorno à velha sala de leitura familiar. Mas não foi assim: *não havia sala de leitura*.

Em vez disso, vejo apenas fileiras e mais fileiras de mesas ocupadas por pessoas olhando para os computadores. Procuro um bibliotecário. Costumava haver muitos bibliotecários auxiliando os usuários da biblioteca, mas não vejo nenhum – até que vejo uma mulher austera de aparência formal em um canto distante da sala, curvada sobre um computador.

Aproximo-me dela e faço a pergunta:

— Você pode me indicar a sala de leitura? Quando estive aqui pela última vez — há algum tempo, admito — ela ocupava grande parte da área do primeiro andar e exibia as edições mais recentes de dezenas de periódicos. Estou procurando algumas revistas atuais de psiquiatria.

Ela parece confusa e me encara como se eu fosse uma criatura de outro século (o que é claro que sou).

— Não temos jornais em papel aqui. Eles estão todos on-line.

— Você quer dizer que, em toda esta biblioteca médica, não há uma única cópia em papel de um jornal psiquiátrico recente?

Com o rosto ainda franzido de confusão, ela responde:

— Talvez eu possa ter visto um no andar de baixo — e então volta abruptamente sua atenção para o computador.

Vagando escada abaixo, novamente não vejo nada além de indivíduos curvados sobre telas de computador. No fundo da sala, porém, vejo as enormes pilhas de velhos jornais encadernados. Acho a seção que contém o *Journal of the American Psychiatric Association*, mas as prateleiras estão muito próximas umas das outras para entrar no corredor. Alguns minutos se passam antes de eu fazer uma grande descoberta, "ahá": as prateleiras são móveis. Empurro com força suficiente para que a pilha deslize para trás e, quando há espaço o bastante no corredor estreito, entro e começo a procurar os jornais psiquiátricos encadernados. Só então ouço vozes e o movimento sinistro de prateleiras rolando. Lembro que, ao entrar nas estantes, vi (mas ignorei) uma grande placa que dizia: PARA SUA SEGURANÇA: FECHE AS ROLDANAS.

De repente, o significado desse sinal fica evidente, e percebo que posso ser esmagado e tenho que dar o fora dali. Saio correndo das pilhas e – com a ajuda de outro guia hospitalar cortês – volto para Marilyn. Possivelmente não me aventurarei longe de sua cabeceira novamente.

※

Além da medicação, Marilyn recebe esteroides que a ajudam a aguentar a infusão semanal e oferecem conforto pelas quarenta e oito horas seguintes. Mas às sextas-feiras, sem falta, ela desenvolve sintomas desagradáveis, incluindo náuseas, diarreia, calafrios e grande fadiga. Essas quatro semanas de tratamento passaram muito devagar e não consigo me concentrar em nada além de Marilyn e nossa futura consulta com a oncologista.

Eu me sinto tenso e deprimido. Sempre fico maravilhado que Marilyn tenha lidado com isso tão bem. Sua condição varia de um dia para o outro. Em uma ocasião, tinha acabado de voltar das compras quando a ouvi me chamando de seu lugar habitual no sofá da sala. Ela estava visivelmente tremendo e pediu cobertores quentes, que prontamente peguei. Duas horas depois, ela se sentiu melhor e jantou um pouco sua comida de sempre, canja de galinha e suco de maçã.

À medida que nossa consulta de quinta-feira se aproxima, fico incerto do que a dra. M. realmente disse. O que me lembrei é que pelo menos um terço dos pacientes não conseguiu aguentar o novo tratamento. A boa notícia, claro, é que Marilyn ultrapassou esse obstáculo. Então, pelo que eu me lembro, a dra. M. disse que, dos pacientes restantes, dois terços teriam um resultado positivo. Mas e quanto ao um terço que não respondeu? O que ela disse sobre isso? Estava implícito que não havia opções restantes de tratamento? Lembro que me abstive de fazer essa pergunta na presença de Marilyn.

Na noite de terça-feira, dois dias antes da consulta, minha ansiedade aumenta. Telefono para minha filha, Eve, e meu colega e amigo David Spiegel, que também compareceram à última consulta com a dra. M., e pergunto o que eles se lembram da conversa. Eles *não* se lembram de a dra. M. dizer que se este tratamento falhou não havia opções restantes, mas eles se lembraram que Marilyn interrompeu a dra. M. e disse que ela não se submeteria a outra forma de tratamento e solicitaria cuidados paliativos.

Durante toda essa labuta, Marilyn permanece calma por fora, muito mais calma do que eu, e muitas vezes tenta amenizar minha preocupação com sua doença. Mas, repetidamente, fala sobre morte assistida. *Você não pode simplesmente solicitar a morte assistida quando existem tratamentos eficazes disponíveis*, penso eu, mas não quero martelá-la com a realidade. Ela vai entender por si mesma. Continuo lembrando de todos os momentos preciosos que ela ainda está vivenciando. A diversão que tivemos na outra noite procurando nos aplicativos de TV por um bom filme japonês com nossa neta, Lenore. Nossos preciosos momentos simplesmente de mãos dadas.

— Pense nesses momentos — digo a ela —, pense em como somos abençoados por experimentar essa consciência preciosa. Eu amo cada minuto disto; nunca teremos outra chance. Como você pode simplesmente jogá-la fora?

— Você não está ouvindo — ela responde. — Eu percebo a preciosidade da consciência, mas não consigo explicar o quanto me sinto miserável a maior parte do tempo. Você nunca experimentou essa sensação. Se não fosse por você, eu teria encontrado uma maneira de acabar com isso há muito tempo.

Eu escuto. Ela está certa?

Eu me lembro da época em que senti muita tristeza. O pior foi décadas atrás, quando voltamos de uma viagem às Bahamas, onde peguei uma infecção tropical que me derrubou por meses. Fui aos melhores especialistas em doenças tropicais, mas sem sucesso. Muitas vezes eu tinha vertigem, sentia náuseas e passava semanas na cama. No fim, entrei para uma academia, encontrei um treinador e me forcei à recuperação após seis meses de doença. Mas, durante todo esse tempo, nunca pensei em morte, disse a Marilyn. Confiava que minha doença passaria e a vida era muito preciosa. Durante anos depois disso, fui atormentado por crises de vertigem postural – uma experiência terrível –, mas de alguma forma superei e não tenho vertigem há muitos anos. Mas é tolice comparar minha doença com a dela. Marilyn pode estar certa, talvez eu subestime a extensão de sua agonia. Tenho que continuar tentando experimentar a vida do ponto de vista dela.

∽

Quinta-feira finalmente chega – o dia de nossa consulta com a dra. M., na qual saberemos se a terapia com imunoglobulina de Marilyn está funcionando. Por estar perdendo a fé em minha capacidade de ouvir com precisão, peço a nossos amigos David Spiegel e sua esposa, Helen Blau, que nos acompanhem. A consulta é uma decepção – parte do trabalho de laboratório necessário ainda não havia sido feito. Há dois marcadores laboratoriais que nos informam sobre a resposta de Marilyn ao tratamento. Um marcador era ligeiramente positivo e o outro marcador ainda não havia sido solicitado.

Faço algumas perguntas à dra. M. e digo que estive muito tenso aguardando a consulta, esperando para saber se a imunoglobulina estava ou não funcionando para Marilyn. Eu poderia esperar essa informação ainda hoje?

A dra. M. diz que sim, que ela errou ao não solicitar o estudo de laboratório e fará isso imediatamente. Após a consulta, devemos ir diretamente ao laboratório para colher uma amostra de sangue, e a dra. M. promete telefonar para Marilyn amanhã com os resultados.

— E uma última pergunta, hoje — eu digo. — Se esta abordagem de imunoglobulina não ajudar, há outras opções disponíveis?

— Há várias disponíveis — responde a dra. M.

Olho para Marilyn e percebo que ela balança a cabeça, levemente, mas entendi sua mensagem: *Esqueça. Acabou. Não vou fazer mais nenhum tratamento.*

Por vários minutos na conclusão de nossa sessão, Marilyn fala sobre por que ela não teme a morte, citando algumas passagens do meu livro *De olhos fixos no Sol*, incluindo a frase de Nietzsche para "morrer na hora certa". Ela fala que não se arrepende de como viveu a vida. Enquanto ouço, sinto muito orgulho: dela, de sua articulação e de sua postura. Tive a sorte extraordinária e a bênção de ter Marilyn como minha companheira de vida. A dra. M. também fica comovida com suas palavras e, no fim da consulta, abraça Marilyn e diz a ela o quanto ela é amada.

~⚬~

Nas últimas semanas, eu estava ciente de que sonhava muito, mas, estranhamente, não conseguia me lembrar de nenhum sonho. No entanto, na noite seguinte à nossa consulta, durmo inquieto e me lembro claramente de um fragmento de um sonho longo e assustador. Estou segurando uma mala grande e pegando carona em uma estrada deserta. Algo desagradável havia precedido isso, mas eu não conseguia me lembrar. Em seguida, um carro para e um homem acena para mim, querendo iniciar uma conversa para me dar carona. Há algo assustador, quase diabólico em seu rosto: eu desconfio dele e, disfarçadamente, fotografo a placa do carro com meu iPhone e a envio por e-mail para um conhecido. Recuso-me a entrar em seu carro: ficamos parados em silêncio por um longo tempo até que ele finalmente vai embora. A última coisa de que me lembro é de ficar sozinho no escuro à beira da estrada. Nenhum carro passa. Não sei o que fazer nem para onde ir.

Quanto mais tento analisar o sonho, mais rápido ele desaparece. Mas o impulso principal do sonho parece claro: estou sozinho, desabrigado, assustado, perdido na vida e aguardando o fim. Tiro meu chapéu para o criador dos sonhos lá dentro.

Não temos notícias do resultado do laboratório no dia seguinte, uma sexta-feira, o que significa esperar até segunda-feira. Minha agitação perturba Marilyn, que se lembra que a dra. M. disse que nos ligaria quando recebesse os resultados do laboratório. Verifico com meu amigo David Spiegel, cuja lembrança é a mesma de Marilyn. Estou perdendo a confiança na minha capacidade de ouvir e relembrar eventos.

Fico tão impaciente que uso minha própria identificação do corpo docente de Stanford para verificar os resultados do laboratório no meu computador, sem contar a Marilyn. A complexidade do relatório é assustadora, mas parece-me que os resultados não mostram qualquer mudança significativa e, em desespero, escondo isso de Marilyn. Durmo mal de novo naquela noite e, na manhã seguinte, Marilyn recebe um e-mail da dra. M. dizendo a ela que os resultados do laboratório são cautelosamente otimistas. Ela anexa uma captura de tela que mostra uma redução substancial em alguns dos indicadores negativos nas últimas semanas.

A má compreensão dos resultados laboratoriais me lembra, mais uma vez, que meu diploma de Medicina é antigo: sou médico apenas no nome e totalmente despreparado para compreender a prática médica contemporânea ou os resultados laboratoriais. Nunca mais me convenceria do contrário.

Setembro

CAPÍTULO 12
UMA COMPLETA SURPRESA

Estava esperando a visita de Ivory, uma amiga que acabou de voltar de Copenhague. Ivory quer me dar uns chocolates muito especiais feitos apenas na Dinamarca. Conheci Ivory por meio dos salões literários para escritoras que organizei por anos. Ela foi um dos membros que compareceu regularmente durante o ano letivo e no salão de verão, quando também incluímos os parceiros das escritoras.

É um prazer morder os chocolates de avelã que Ivory abre para Irv e para mim. É tão adorável ver essa mulher de novo, de quem eu me lembro desde a gravidez de seu primeiro filho, agora com nove anos. Ivory dirige uma pequena editora, produzindo livros on-line e edições em papel sob demanda. (Ela republicou meu livro esgotado sobre as memórias das mulheres da Revolução Francesa sob o título *Compelled to Witness* (Compelida a testemunhar), que agora ganhou nova vida nas aulas de história do ensino médio e até gerou alguns *royalties*!)

Ivory está me contando sobre alguns de seus novos projetos que ajudariam a financiar suas aspirações editoriais quando a campainha toca. Antes mesmo que alguém tivesse tempo de ir à porta da frente, ela se abre e um rosto familiar aparece. Então outro. E outro. Até que cerca de vinte membros do meu antigo salão enchem a sala! Estou *bouche bée* – completamente surpresa e maravilhada! Como Ivory organizou esta reunião sem que eu tivesse a menor ideia?

Acontece que ela vinha organizando havia meses, depois que tive que abandonar os salões por causa da saúde. Esta visita coletiva é uma substituta simbólica para o salão que eu costumava realizar em nossa casa em Palo Alto no fim do verão. Mas não foi só isso.

Ivory me entrega um livro lindamente ilustrado com o título *Cartas para Marilyn*. O enorme esforço que Ivory fez para produzir o livro, bem como reunir as *salonnières*, é óbvio. Dentro do livro estão trinta cartas escritas por *salonnières*, algumas das quais não puderam estar presentes hoje. Abro ao acaso e fico imediatamente impressionada com a importância que essas mulheres atribuem a mim como uma influência em suas vidas. Uma começa: "Você pode não saber o quão importante tem sido para mim desde que nos conhecemos!". Outra: "Que mundos você abriu para mim!". E outra: "Tive o privilégio e a sorte de conhecê-la!".

Como alguém pode reagir com honestidade e graça a esses depoimentos? Estou perplexa. Mas, ao mesmo tempo que sinto gratidão, no fundo, sinto também que não mereço tamanha efusão de elogios. Nos últimos meses, muitas pessoas me enviaram expressões de elogio e preocupação por meio de cartas, flores e comida. No entanto, esse grupo é especial – um grupo de escritoras, professoras, acadêmicas independentes, fotógrafas e cineastas, que estão em minha vida há mais de meio século. Stina Katchadourian, que conheço desde 1966, começa sua carta: "Amiga, confidente, mentora, sábia, escritora a postos, sempre presente, uma fortaleza, quase parente, irmã". Esta e muitas outras cartas me fazem chorar, e guardo todas para ler indefinidamente.

Cartas para Marilyn é uma "edição limitada de uma cópia", editada por Ivory Madison e com projeto de Ashley Ingram. A capa mostra uma foto minha, tirada há cerca de trinta e cinco anos, sentada diante da minha mesa. Nunca houve, na minha opinião tendenciosa, um livro de edição limitada mais bonito. Nem mais significativo para uma pessoa que se aproxima do fim da vida.

Uma hora passa rápido e falo com cada pessoa individualmente. Em especial, é significativo sentar com Barbara Babcock, professora de direito de Stanford, que está se submetendo à quimioterapia para câncer de mama. Ela foi uma das minhas primeiras modelos de bravura. Muito antes de eu ser diagnosticada com mieloma múltiplo, costumávamos nos encontrar regularmente em restaurantes ou em sua casa quando ela estava doente. Porém, não nos víamos desde o início dos meus tratamentos.

Falamos sobre os sofrimentos associados às nossas condições e sobre o apoio amoroso de nossos maridos.

Estou muito feliz em ver Myra Strober, uma querida amiga e colega desde quando me contratou como pesquisadora sênior e administradora no antigo Centro para Pesquisa sobre Mulheres (CROW, na sigla em inglês) em 1976. Sem Myra, a segunda metade da minha vida teria sido totalmente diferente. E sou tão grata por ela ter vindo hoje, apesar da recente cirurgia no quadril algumas semanas atrás e da severa doença de Parkinson de seu marido.

Essas duas mulheres, Barbara e Myra, têm a distinção de serem as primeiras mulheres contratadas pela Escola de Direito (Barbara) e pela Escola de Negócios de Stanford (Myra) em 1972. Foram mentoras de muitas outras mulheres em suas longas carreiras, e cada uma escreveu uma autobiografia com suas experiências pessoais e profissionais.

Também entre os rostos conhecidos está Meg Clayton. Peço a ela que nos conte sobre seu novo romance histórico, *The Last Train to London* (O último trem para Londres), a ser publicado em inglês e com contratos para dezenove traduções! Tive o privilégio de observar nos últimos anos Meg se transformar em uma escritora verdadeiramente significativa. Em sua carta para mim, Meg cita "Let Evening Come" (Que venha a noite), de Jane Kenyon, que o falecido John Felstiner leu em voz alta anos atrás nesta mesma sala onde estávamos. Esse poema, parcialmente extraído aqui, é agora tão apropriado para a minha situação de vida:

> Deixe a raposa voltar a seu covil arenoso.
> Deixe o vento acalmar. Deixe o abrigo
> escurecer por dentro. Deixe que venha a noite.
> À garrafa no fosso, à concha
> na aveia, ao ar no pulmão,
> deixe que venha a noite.
> Deixe que venha, como vem e não
> tema. Deus não nos deixa
> desconfortáveis, então deixe que venha a noite.

Depois que todas foram embora, fico sentada por um longo tempo pensando na manifestação de amor hoje. Teria eu sido tão gentil e generosa quanto minhas amigas disseram? Se isso é verdade, herdei muito do caráter de minha mãe, a pessoa mais doce e gentil que já conheci. Minha mãe era gentil com todos. Mesmo aos seus oitenta anos, tocava na porta dos vizinhos amigos e perguntava se poderia lhes trazer algo da loja. Mais tarde, quando a colocamos em uma casa de repouso perto de nós em Palo Alto, ela sempre guardava doces para dar aos netos quando iam lhe visitar. Ela me educou para ser naturalmente sociável e "uma doadora, em vez de um recebedora". Minha mãe me ensinou a me perguntar, previamente, como minhas palavras e ações fariam outra pessoa se sentir.

Claro, nem sempre segui seu exemplo. Lembro-me de ter sido algumas vezes impensadamente, e até intencionalmente, egoísta às custas de outra pessoa. Felizmente, minhas amigas hoje viram apenas meu melhor lado.

No entanto, há uma linha de pensamento um tanto mais sombria que continua esbarrando nessa minha imagem de Poliana: certamente muitos desses elogios são inspirados por minha doença e pelo pensamento de que não estarei aqui por muito mais tempo. Talvez esta tenha sido a última vez que vi muitas dessas pessoas. Elas estavam aqui para "prestar suas últimas homenagens"? Bem, mesmo se for isso, aceitarei. Foi um dia lindo, do tipo que guardarei para o resto da vida, por mais longo ou curto que seja.

Outubro

CAPÍTULO 13
ENTÃO, AGORA VOCÊ SABE

Desde o último encontro com a dra. M., que nos disse que, finalmente, algumas descobertas laboratoriais sugeriam que Marilyn está melhorando, nossa vida passou por uma grande mudança. Marilyn voltou para mim. Ela não vai morrer em um futuro próximo – e hoje desconfio de que provavelmente sobreviverá a mim. Tenho minha velha Marilyn de volta, e tivemos alguns dias maravilhosos.

Como sempre, fico com ela no hospital por várias horas na quarta-feira, enquanto recebe o tratamento. Por um ou dois dias, ela fica mais alegre, mais parecida com ela mesma. Normalmente se sente bem às quintas-feiras, mas esta semana é diferente: ela está com excepcional bom humor. Esta é a Marilyn que eu conhecia antes de ficar doente, a Marilyn que eu não via há muito tempo.

Na sexta, dois dias após o tratamento, ela ainda se sente bem o suficiente para jantar em um restaurante. Desde o início da doença, há vários meses, acho que é a terceira vez que jantamos fora. Escolhemos a segurança de nosso habitual restaurante, Fuki Sushi, a apenas alguns quarteirões de casa. Há pratos seguros lá, como zosui e sopa de missô, que Marilyn pode digerir facilmente. Jantamos lá talvez quinhentas vezes nos últimos cinquenta anos. Houve um ano em que eles nos presentearam com um conjunto de facas por sermos seus clientes mais fiéis.

Na manhã seguinte, sábado, Marilyn acorda com um grande sorriso no rosto.

— Tive um sonho vívido, o sonho mais engraçado em meses, talvez anos. Estou na casa em que cresci em Washington, e subi as escadas furtivamente para o meu quarto com um homem cujo rosto eu não pude ver. Ele se deita comigo e começamos a fazer amor, mas em vez disso ele faz xixi na cama. Tenho que me levantar e trocar os lençóis. Em seguida, desço para fazer uma xícara de chá e, ao voltar a subir as escadas, ouço algum barulho ou movimento no quarto da minha mãe no corredor. Bato na porta e abro um pouco. Quem eu vejo lá, senão nosso filho Ben, nu e sentado na cama da minha mãe, com um grande sorriso no rosto?

"Minha mãe olha para mim e diz: 'Então, agora você sabe!'.

"Eu respondo: 'Também há alguém no meu quarto. Agora você sabe'."

Nós dois rimos do sonho absurdo e tentamos, sem sucesso, entendê-lo. Marilyn sonha ser jovem na casa onde cresceu. Mas tem um caso com um desconhecido, um homem incontinente que faz xixi na cama, o ato de um velho. E então o estranho e hilário encontro com a mãe, uma mulher muito doce e amorosa que está na cama com nosso filho Ben já adulto.

Incesto, viagem no tempo, humor absurdo, fases da vida e uma revolta contra o envelhecimento – está tudo aí!

Mais tarde naquele dia, Marilyn me disse que achou que o sonho foi desencadeado ao ver Ben sentado na cama comigo enquanto estávamos conversando. Ela viu o mesmo sorriso em seu rosto no sonho. Naturalmente, nos voltamos para a interpretação edipiana de Freud do incesto mãe-filho, que Marilyn disfarçou atribuindo-o à própria mãe. Quanto ao amante mais velho, provavelmente era eu, embora ainda não tenha feito xixi na cama.

Marilyn está tão animada o dia inteiro que sinto minha mente recalibrar: tenho minha Marilyn de volta! Mas, infelizmente, não por muito tempo: na tarde seguinte, ela está novamente nauseada e tão cansada que mal consegue se levantar do sofá. Sua súbita inversão do dia anterior é incompreensível, e volto a me sentir impotente. Sinceramente lhe digo que gostaria muito de pegar sua doença e ficar com náuseas e cansaço por ela.

Essas enormes flutuações persistem. No dia seguinte, ela se sente bem mais uma vez e, no geral, parece estar melhorando. A doença de Marilyn ofuscou todo o resto, mas agora tenho tempo para considerar o rumo da minha própria vida. Tenho pouquíssimos colegas – todos os meus amigos e conhecidos mais próximos e mais antigos morreram. Além de Marilyn, apenas alguns amigos do passado remoto ainda vivem e respiram. Tem meu primo Jay, três anos mais novo, que conheço desde que nasceu. Ele mora em Washington, D.C., e falamos por telefone pelo menos quatro ou cinco vezes por semana. Mas nenhum de nós está disposto a viajar, e é improvável que eu volte a vê-lo pessoalmente. Falo toda semana com Saul Spiro, que foi residente comigo na Johns Hopkins. Ele mora no estado de Washington, mas está muito doente para viajar. Ainda ontem, li no *Stanford Report* que Stanley Schrier havia morrido. Amigo e vizinho de muito tempo atrás, Stanley foi o professor de hematologia de Stanford que nos indicou a dra. M. Em seu obituário, descobri que ele tinha 90 anos, dois a mais que eu. Mais dois anos – isso parece certo: provavelmente vou viver mais dois anos. No entanto, se Marilyn não estivesse aqui, eu não gostaria de ficar tanto tempo.

Agora sou um aposentado e desisti do trabalho que amo. Sinto muita falta da prática terapêutica. Faz apenas alguns meses desde que me aposentei, e ainda vejo três ou quatro pacientes por semana para consultas únicas. Mas o trabalho da minha vida como terapeuta acabou, e estou de luto por isso. Sinto falta da profunda intimidade do processo de terapia. Ninguém agora, exceto Marilyn, me convida para as câmaras mais profundas e escuras de si mesmo.

Enquanto contemplo a melhor forma de descrever a profundidade e a extensão da minha perda, o rosto de uma paciente vem à mente. Que estranho que essa pessoa em particular apareça em minha mente: eu a vi apenas uma vez, muitos anos atrás. Mas há apenas algumas semanas, enquanto folheava alguns de meus antigos escritos não publicados, me deparei com essas páginas de uma história que comecei a escrever sobre ela.

No dia do meu 65º aniversário, Phyllis, uma senhora idosa, sombria e atraente, entrou em meu consultório. Obviamente muito desconfortável, ela se sentou como um pássaro empoleirado na beira da cadeira, como se preparada para levantar voo a qualquer momento.

— Bem-vinda, Phyllis. Eu sou Irv Yalom, e sei por seu e-mail apenas que seu sono é ruim e que muitas vezes você fica ansiosa. Podemos começar? Conte-me mais sobre isso.

Mas Phyllis estava muito pouco à vontade para começar imediatamente.

— Preciso de um ou dois minutos... Não costumo falar sobre mim, meu eu oculto. — Ela examinou o consultório e seus olhos se fixaram em uma fotografia autografada do grande jogador de beisebol do New York Yankees, Joe DiMaggio, pendurada na parede.

— Ele foi um dos heróis da minha infância — comentei.
Phyllis abriu um grande sorriso.

— Joe DiMaggio... eu o conheço, quero dizer, sei um pouco sobre ele. Cresci em San Francisco, em North Beach, não muito longe de onde ele morava e a apenas algumas quadras da igreja onde ele e Marilyn Monroe se casaram.

— Sim, eu também passei muito tempo em North Beach, muitas vezes almocei no restaurante do DiMaggio – acho que era o restaurante do Dominic, seu irmão. Hoje é "Original Joe's". Você já o viu jogar?

— Só na TV. Eu adorava vê-lo correr nas bases. Muita graça. Eu o vi algumas vezes andando pela área da marina. É onde mora agora.

Percebendo que ela se acomodou lentamente na cadeira, ficando mais confortável, achei que era hora de começar a trabalhar.

— Então me fale sobre você, Phyllis, e me diga o que a traz aqui para me ver hoje.

— Bem, eu tenho 83 anos e trabalhei a maior parte da minha vida como enfermeira anestesista. Eu me aposentei há muitos anos. Vivo sozinha. Nunca me casei. Muito isolada, com certeza você deve pensar. Sem família, exceto por um meio-irmão distante, e sofro muito de insônia e ansiedade. — Seus lábios tremeram quando ela sorriu para mim. Parecia quase se desculpar por me fazer trabalhar duro.

— Vejo que não é fácil falar abertamente sobre você, Phyllis. Suponho que é a primeira vez que você fala com um terapeuta?

Ela assentiu com a cabeça.

— Fale-me, por que agora? O que a ajudou a tomar a decisão de me ligar agora?

— Nenhum evento repentino. As coisas só estão piorando, especialmente a insônia e o isolamento.

— E por que eu?

— Eu li muitos dos seus livros. Apenas senti que podia confiar em você. Mais recentemente, *Lying on the Couch* (Deitado no sofá). Você pareceu flexível e gentil, e não praticava a terapia com uma camisa de força. Mais importante ainda, não o vejo como um crítico.

Estava claro que ela estava lidando com muita culpa. Mantive a voz suave:

— Você está certa. Não me sinto um juiz. Estou do seu lado. Estou aqui para ajudá-la.

· Phyllis mergulhou e começou a descrever a juventude traumática. O pai desapareceu quando ela tinha três anos. Nunca mais ouviu falar dele, e a mãe nunca mais mencionaria seu nome. A mãe, ela disse, era uma mulher cruel, fria e narcisista, e quando um dos muitos homens que a mãe levou para casa tentou abusar dela, Phyllis fugiu de casa, aos 15 anos, prostituiu-se, viveu com uma série de homens e, então, milagrosamente, conseguiu cursar o ensino médio, a faculdade e a escola de enfermagem. Ela havia trabalhado toda a vida adulta como enfermeira anestesista.

Ela se recostou na cadeira, respirou fundo algumas vezes e continuou:

— Então, em poucas palavras, essa é a minha vida. Agora, para a parte difícil. Há alguns anos, minha irmã me contatou para dizer que nossa mãe estava nos estágios finais de câncer de pulmão; estava no oxigênio e entrou em coma em uma casa de repouso. "Ela está perto da morte", me lembro de minha irmã dizendo, "e eu fiquei com ela nas últimas três noites e minha bateria está acabando. Por favor, Phyllis, você poderia passar a noite com ela? Ela não está consciente – você não precisa falar com ela".

"Eu concordei, minha irmã e eu tínhamos nos reaproximado alguns anos antes e até almoçávamos juntas a cada um ou dois meses. Concordei com o pedido, mas fiz isso por minha irmã, não por minha mãe. Fazia muitas décadas que não via minha mãe e, como já disse, não dei a mínima para ela e concordei em me sentar ali naquela noite só para dar um descanso à minha irmã. Por volta das três da manhã – eu lembro tão claramente, como se fosse ontem – a respiração da minha mãe ficou irregular e ruidosa e a espuma do edema pulmonar se formou em seus lábios. Já passei por isso com muitos pacientes e sabia que seu último suspiro estava chegando. Eu tinha certeza de que aconteceria a qualquer minuto."

A cabeça de Phyllis estava baixa. Ela parou por vários segundos e então, olhando para mim, sussurrou: "Eu tenho que dizer a alguém – posso confiar em você?".

Eu fiz que sim com a cabeça.

— Eu desliguei o oxigênio... desliguei logo antes do último suspiro.

Ficamos em silêncio por um tempo. Então ela disse:

— Foi pena ou vingança? Eu continuo me perguntando.

— Ou talvez um pouco dos dois — falei. — Ou talvez seja hora de deixar a questão de lado. Deve ter sido terrível para você guardar tudo isso por tantos anos. Como se sente ao finalmente compartilhar?

— É muito assustador até mesmo discutir isso.

— Tente me ouvir. Agradeço que tenha confiado a mim este segredo escaldante. O que ajudaria? Há algo que você possa me perguntar, algo que eu possa dizer, que possa libertar você ou ajudá-la de alguma forma?

— Preciso dizer que não sou uma assassina. Passei os últimos momentos de muitos pacientes com eles. Muitos pacientes. Ela tinha apenas o último suspiro. Dois, no máximo.

— Deixe-me dizer o que estou pensando...

Os olhos de Phyllis se arregalaram para os meus – como se sua vida dependesse das minhas próximas palavras.

— Estou pensando naquela garotinha, naquela garota indefesa, violada e impotente, naquela garota tão sujeita ao destino e às exigências e caprichos dos outros. Que tragédia você ter que ser a pessoa a testemunhar os últimos momentos de sua mãe. E é compreensível que você tivesse que reivindicar o poder.

Embora faltassem vinte minutos para a nossa hora, Phyllis juntou seus pertences, levantou, colocou o cheque na mesa, murmurou "obrigada" e saiu. Nunca mais a vi ou ouvi falar dela.

∽

Essa consulta há tantos anos transmite do que sentirei falta para o resto da minha vida: a sensação de compromisso, de ser confiável, de compartilhar momentos profundos e sombrios com o outro. E, acima de tudo, a oportunidade de oferecer tanto a outra pessoa. Esse tem sido meu jeito de viver há muitos anos. Eu valorizo isso. Vou sentir falta. Tanto contraste com uma vida passiva em que sou assistido por uma cuidadora – uma vida que temo não estar muito distante.

Marilyn me pergunta por que escolhi esta história em vez de outras de minhas inúmeras anotações. Dou a mesma resposta – que representa os encontros íntimos que não terei mais com meus pacientes. Ela sugere que pode ter algo a ver com questões sobre o fim de vida, o momento em que a pessoa finalmente puxa o plugue. Talvez ela esteja certa.

Outubro

CAPÍTULO 14
SENTENÇA DE MORTE

A dra. M. ligou ontem para dizer que eu não deveria continuar com a terapia com imunoglobulina. Os últimos resultados laboratoriais indicam que não está funcionando e, de uma forma estranha, me sinto aliviada. Não terei de experimentar os efeitos colaterais tóxicos das drogas que foram administradas desde o início deste ano. Esta semana foram piores do que o normal, e eu ficava me perguntando: *Vale a pena prolongar a vida a esse preço?*

Claro, não sei quanta dor me é reservada se apenas deixar a doença seguir seu curso. O pessoal da medicina paliativa garante que fará tudo o que for possível para aliviar o sofrimento, mas nem quero começar a imaginar como será. Por enquanto, basta contemplar a morte.

A morte aos 87 anos não é uma tragédia, especialmente quando penso em todas as pessoas mais jovens que morreram. Esta semana, a repórter Cokie Roberts morreu aos 75 anos. Senti uma afinidade especial com ela como uma co-recebedora do prêmio Distinta Ex-Aluna de Wellesley. Meu retrato está pendurado em um salão imponente na faculdade, juntamente com o dela e os de muitos outros ex-alunos famosos, como Hillary Clinton e Madeleine Albright. Fico orgulhosa em pensar que também fiz parte do movimento feminista que promoveu os direitos das mulheres nas últimas duas gerações. Esse foi meu tempo. O que acontecerá no futuro após minha morte não está mais em minhas mãos.

Acho que tenho pensado na morte há tanto tempo que não é nenhuma surpresa para mim. A esta altura meus filhos foram informados e sou amparada por seu amor. Meu filho Reid e a esposa, Loredana, cuidaram de nós no fim de semana, fazendo um grande suprimento de canja de galinha e compota de maçã para mim. Eve veio correndo de Berkeley e nos ajudou a digerir as más notícias. Victor vai passar a noite de amanhã conosco, e Ben vai chegar no fim desta semana.

Se estiver disposta, irei com Irv e Eve à nova produção de Ben em San Francisco – *Dionísio era um bom homem*. De alguma forma, Ben conseguiu manter sua companhia de teatro unida em sua 21ª temporada. Recebeu uma crítica fantástica no *San Francisco Chronicle* e estou muito feliz por ele; gostaria muito de ver a peça dele, mas depende da minha força e condição. Essa é a minha nova fórmula: concentre-se em você e em suas necessidades diárias. É hora de deixar o resto do mundo cuidar de si mesmo.

Claro, eu me preocupo com Irv. Há meses ele está cuidando de mim e temo que vá se exaurir. Com seus próprios problemas de saúde além dos meus, ele precisa de toda ajuda que puder conseguir. Nossa amiga Mary, que cuidou do marido por mais de três anos antes de ele morrer, falou comigo sobre a situação das cuidadoras. Ela conseguiu juntar-se a um grupo de cuidadoras com problemas semelhantes e, juntas, compartilharam seus fardos. Mesmo agora, dois anos após a morte do marido, ela se encontra regularmente com essas mulheres.

É improvável que Irv usasse esse sistema de apoio, sem mencionar que, no caso de Mary, todas as cuidadoras eram mulheres. Há muitos anos Irv se reúne semanalmente com um grupo de psiquiatras para discutir seus problemas pessoais, e acredito que isso seja útil para ele. Embora ele saiba racionalmente que estou morrendo, ainda mantém alguma forma de negação. Quando me perguntei em voz alta se ainda estaria aqui no Natal, ele me olhou incrédulo – é claro que eu presidiria a reunião de família como sempre. Não sei se é melhor falar do pouco tempo que tenho pela frente ou deixá-lo em negação.

※

A ideia da morte não me assusta. Não acredito em uma vida após a morte além de uma "reintegração ao cosmos", e posso aceitar a ideia de que não existirei mais. Meu corpo acabará se desintegrando na terra. Quando minha mãe morreu, há mais de vinte anos, ela foi enterrada no cemitério de Alta Mesa, a uma curta distância de nossa casa. Naquela época, também compramos para nós dois jazigos perto do dela. Visitas frequentes a esse cemitério iniciaram o projeto do livro *The American Resting Place* com meu filho Reid e abriram uma perspectiva totalmente nova sobre sepultamento e cremação.

Hoje, a cremação é mais popular nos Estados Unidos do que o sepultamento tradicional, e as preocupações ecológicas estão cada vez mais em destaque. Por exemplo, no estado de Washington, uma pessoa pode ser enterrada de forma a transformar seu corpo em composto. Na Califórnia, uma startup está comprando floresta e permitindo que indivíduos fertilizem uma árvore específica. Gosto da ideia de ser enterrada em um caixão de madeira simples a uma curta distância de nossa casa, bem em frente à escola que nossos quatro filhos frequentaram. No futuro, se vierem visitar meu túmulo, estarão rodeados de lembranças de infância.

Ao sentir que minha vida está chegando ao fim, como devo me despedir dos amigos? Tantas pessoas foram gentis comigo durante minha doença, e não quero desaparecer de suas vidas sem que saibam o quanto significam para mim. Um telefonema para me despedir exige muita energia. Uma carta parece mais substancial, mas terei tempo e energia para escrever cada uma? Em uma certa tradição judaica, de acordo com Elana Zaiman em seu livro *The Forever Letter*, alguém escreve uma última carta aos entes queridos para comunicar seus sentimentos em relação a essa pessoa e quaisquer doses extras de sabedoria que deseja transmitir. Qualquer sabedoria que adquiri em minha vida não é algo que agora possa colocar em uma breve carta. Espero poder pelo menos corresponder às minhas expectativas de morrer de forma a gerar o mínimo de dor aos outros... e a mim mesma.

Meu jeito de me despedir dos amigos provavelmente será em torno de uma xícara de chá no fim da tarde. Já comecei a ver alguns amigos mais próximos com esse propósito e agendarei outros nas próximas semanas. Espero que haja tempo para me despedir pessoalmente de todos que enriqueceram minha vida e me apoiaram nesses difíceis últimos meses.

É estranho perceber que, se eu quiser fazer alguma coisa, terei que fazer rapidamente. Penso em nomear uma caixa para cada filho e enchê-la com itens que possam ser do interesse deles ou de seus filhos ou netos no futuro. Imagino a caixa encalhada no sótão de alguém e depois examinada por uma remota prole, quando Irv e eu formos apenas nomes em sua árvore genealógica. O que farão com um item identificado como "broche da fraternidade do ensino médio de Irv, dado a Marilyn em 1948"? Ficarão maravilhados com um álbum de fotos do nosso quinquagésimo aniversário de casamento? Devo incluir um álbum de recortes com as resenhas do meu livro publicado em 1997, *A History of the Breast*?

É muito difícil perceber que todos os livros, papéis e objetos que acompanharam minha vida terão pouco significado para meus filhos e netos. Na verdade, provavelmente serão um fardo para eles. Sei que lhes prestarei um serviço livrando-me do máximo de "coisas" possível.

∽

Quando Irv e eu visitamos a dra. M. pela última vez, faço duas perguntas: quanto tempo mais posso esperar viver e como iniciamos a morte assistida?

Sua resposta à primeira pergunta é: "Não se pode ter certeza, é claro, mas meu palpite seria cerca de dois meses".

Foi um choque. Esperava um período um pouco mais longo. Isso mal dará tempo de rever os amigos mais próximos e executar a ideia de uma caixa de objetos significativos para cada filho.

Felizmente, já programamos uma "celebração" em apenas duas semanas para os filhos e sua prole. A causa da celebração foi inicialmente o sexagésimo aniversário de nosso filho Victor, bem como de três outros membros da família com aniversários em outubro – as três esposas de nossos filhos, Marie-Helene, Anisa e Loredana. Agora estou intitulando o evento de "Quatro aniversários e um funeral", em uma paródia de um filme com um nome semelhante. Isso ajuda a manter o senso de humor.

Já a morte assistida requer a aprovação de dois médicos, sendo que o critério é que o paciente esteja à beira da morte, sem possibilidade de cura à vista. Acredito que a dra. M. da hematologia e a dra. S. da medicina paliativa irão assinar para mim em minhas últimas semanas de vida. Fico surpresa ao saber que a morte será causada pela ingestão de um grande número de comprimidos, não por injeção ou mesmo um único comprimido.

Bem, até agora, estou relativamente tranquila. Depois de dez meses me sentindo péssima na maior parte do tempo, é um alívio saber que meu sofrimento chegará ao fim. De modo estranho, sinto que "paguei" por todos os pecados ou transgressões que cometi durante a vida. O conceito religioso de julgamento e punição ou recompensa após a morte abriu caminho em meu juízo de um equivalente secular: sinto que já sofri o bastante fisicamente antes de morrer. E quem sabe o que ainda está reservado para mim, antes de beijar Irv pela última vez?

Outubro

CAPÍTULO 15

ADEUS À QUIMIOTERAPIA – E À ESPERANÇA

Temi o dia em que nos encontraríamos com a dra. M. para uma conversa aprofundada sobre como encerrar o tratamento. A dra. M. chega prontamente à nossa consulta e responde a todas as muitas perguntas de forma experiente e gentil. Pergunto por que Marilyn não respondeu ao tratamento: tínhamos conhecido ou ouvido falar de tantos conhecidos que viveram anos, durante décadas, com mieloma múltiplo. Ela responde com uma expressão triste no rosto que a ciência médica não sabe por que alguns pacientes com a doença não respondem ao tratamento ou por que alguns, como Marilyn, experimentam efeitos colaterais tão tóxicos que tornam a terapia impossível.

Então Marilyn, nunca tímida, vai direto ao ponto e pergunta:

— Quanto tempo eu tenho? Quanto tempo você acha que vou viver?

Estou chocado – e sinto pena da dra. M. Eu odiaria estar no lugar dela. Mas ela parece imperturbável e dá uma resposta direta:

— Ninguém pode ter uma resposta exata, mas eu estimaria que poderia ser em torno de um a dois meses.

Eu suspiro. Ambos suspiramos: tínhamos esperanças e expectativas de mais três a seis meses. É estranho como a ansiedade perturba a percepção. Estou tão chocado que minha mente muda de direção e começo a me perguntar com que frequência a dra. M. precisa se envolver nessas conversas. Olho para ela: é uma pessoa atraente, de fala suave e compassiva. Espero que tenha alguém com quem conversar sobre o estresse que deve sentir diariamente. Fico maravilhado com a agilidade da minha mente, capturada no ato de me proteger: assim que ouvi as palavras "um a dois meses", de repente mudo meu foco e começo a pensar na experiência diária da dra. M. Minha mente gira de um lugar para outro: não posso suportar a ideia de que minha Marilyn não viva mais de um mês.

Marilyn, extraordinária como sempre, parece impassível. Ela gostaria de debater a morte assistida e, em seguida, pergunta à dra. M. se ela concordaria em assinar a aprovação, que exige a assinatura de dois médicos. Entro em estado de choque. Não estou pensando com lucidez. Estou preocupado em saber que ela morrerá engolindo comprimidos. Sempre pensei que seria por meio de uma injeção. Enquanto eu posso jogar vários comprimidos na boca e engoli-los facilmente, Marilyn só pode engolir um comprimido por vez, deliberada e lentamente. O que vai acontecer quando chegar a hora? Imagino que poderia usar um moedor, pulverizar os comprimidos e fazer uma emulsão do pó. Então começo a imaginá-la levando a emulsão aos lábios, mas isso é pedir muito a mim mesmo e as imagens simplesmente desaparecem.

Começo a chorar. Penso em como sempre cuidei de Marilyn – ela tinha pouco menos de um metro e meio de altura e pesava apenas 45 quilos quando a conheci, setenta e quatro anos atrás. De repente, imagino uma cena em que entrego os comprimidos letais e a vejo engasgando com eles, um após o outro. Varro essa cena horrível da mente, e imediatamente a substituo por imagens de Marilyn fazendo um discurso como oradora da turma na McFarland, nossa escola de ensino fundamental, e em Roosevelt, nossa escola de ensino médio. Eu era maior e mais forte e conhecia o mundo da ciência e sempre, sempre, tentei cuidar de Marilyn, sempre tentei mantê-la segura. E, agora, ainda estremeço ao me imaginar segurando os comprimidos mortais e entregando-os a ela um por um.

Na manhã seguinte, acordei às cinco da manhã com um *insight* brilhante. *Você não percebe*, disse a mim mesmo, *morrer não é no futuro: Marilyn já está morrendo*. Ela come muito pouco e parece ter um cansaço terminal. Não consigo nem mesmo fazê-la andar cinco minutos até a caixa de correio na entrada de nossa garagem. Ela está morrendo *agora* – não é algo que acontecerá. *Está acontecendo agora*. Estamos vivendo isso. Às vezes me imagino tomando os comprimidos e morrendo junto a ela. Imagino meus amigos terapeutas discutindo entre si se deveriam me internar na ala psiquiátrica porque corro o risco de cometer suicídio.

Novembro

CAPÍTULO 16
DOS CUIDADOS PALIATIVOS À CASA DE REPOUSO

Sem nada a oferecer, a dra. M. encaminha Marilyn aos cuidados paliativos, o ramo da medicina que se concentra inteiramente na redução da dor e em tornar a vida dos pacientes a mais confortável possível. Marilyn e eu, acompanhados por nossa filha, Eve, temos uma longa consulta com a dra. S., a chefe dos cuidados paliativos, uma mulher calorosa e graciosa que faz um histórico médico completo, realiza um exame físico e prescreve medicamentos para os sintomas de Marilyn – náusea contínua, lesões cutâneas perturbadoras e fadiga extrema.

Marilyn pacientemente responde a todas as perguntas, mas logo se volta para o tópico predominante em sua mente: morte assistida. A dra. S. responde a todas as perguntas de Marilyn de maneira gentil e carinhosa, mas deixa claro que não é a favor dessa etapa. Enfatiza que seu trabalho é garantir que os pacientes não sofram e permitir que morram com conforto e sem dor por causa da doença.

Além disso, a dra. S. nos informa que a morte assistida é uma etapa complexa que requer uma papelada administrativa considerável. Ela nos informa que o modo de morte, a ingestão de comprimidos letais, tem que ser autoadministrada: o médico não tem permissão para ajudar o paciente a ingerir os comprimidos. Quando comento que Marilyn tem problemas consideráveis para engolir comprimidos, a dra. S. menciona a possibilidade de moer os comprimidos e misturá-los a uma bebida. Ela reconhece que tem pouquíssima experiência, tendo participado de apenas uma morte assistida.

No entanto, Marilyn insiste e pergunta se ela concordaria em ser uma das médicas que assinariam o pedido. A dra. S. inspira profundamente, hesita, depois concorda, mas repete que espera que não seja necessário. Ela então levanta a hipótese de encaminhar Marilyn a uma casa de repouso. E explica que a equipe da casa de repouso visitaria regularmente nossa casa e garantiria que Marilyn estivesse sem dor e o mais confortável possível. Ela entrará em contato com duas instituições próximas, e cada uma enviará um membro de sua equipe para nos informar sobre o que a casa pode oferecer, e podemos selecionar uma das duas.

Ambos os representantes que nos visitam em casa são bem informados e gentis. Como escolher entre eles? Marilyn fica sabendo que o marido de uma amiga próxima teve recentemente um excelente cuidado paliativo da Mission Hospice, então escolhemos trabalhar com a Mission. Logo depois, recebemos a visita da enfermeira e da assistente social em casa e, dois dias depois, do dr. P., o médico da instituição. Ele passa uma hora e meia conosco. Ficamos impressionados e tranquilizados com ele. Eu o considero um dos médicos mais atenciosos e empáticos que já encontrei e silenciosamente espero que esteja disponível para cuidar de mim quando for minha hora de morrer.

Cerca de quinze minutos depois de iniciarmos a conversa com o dr. P., Marilyn não consegue se conter e novamente levanta a questão do suicídio assistido. A resposta do dr. P. é surpreendentemente diferente de qualquer outra que havíamos encontrado: ele é muito simpático à ideia, embora prefira o termo "morte assistida". Ele reafirma a Marilyn que pessoalmente facilitaria sua morte quando chegasse o momento apropriado. Ele garante que, se ela fizer essa escolha, permanecerá com ela e preparará uma emulsão dos comprimidos que ela poderá sorver com um canudo e engolir facilmente. Ele nos conta que já participou de mais de uma centena dessas mortes e concorda de todo o coração com a escolha sempre que o paciente está com muitas dores, sem esperança de recuperação.

Essas palavras têm um efeito calmante poderoso para Marilyn – para nós dois –, mas, ao mesmo tempo, torna sua morte mais real. *Marilyn vai morrer em breve. Marilyn vai morrer em breve. Marilyn vai morrer em breve.* Esse pensamento é demais para mim, e continuo a afastá-lo. Reina a negação. Desvio os olhos. Eu não vou, não vou encará-lo.

Poucos dias depois, dois de nossos filhos dormem em casa, nossa mais velha, Eve, e nosso mais novo, Ben. Acordo cedo, sigo até o escritório e passo duas horas revisando as provas do editor de um capítulo da nova edição do meu livro de terapia de grupo. Por volta das dez e meia vou para casa, onde Marilyn está sentada à mesa, terminando o café da manhã, bebericando chá e lendo o jornal.

— Onde estão as crianças? — pergunto. Crianças, de fato! Minha filha tem 64 anos e meu filho, 50. (Meus outros dois filhos têm 62 e 59.)

— Ah — diz Marilyn em um tom calmo e prático —, estão na funerária, fazendo os preparativos para o funeral e, em seguida, visitarão o cemitério, para checar nossos jazigos. Estaremos bem ao lado da minha mãe.

Para minha surpresa, comecei a chorar, e minhas lágrimas correram por vários minutos. Marilyn me abraça enquanto tento recuperar o autocontrole. Entre soluços, digo:

— Como você pode falar tão naturalmente sobre isso? Não posso suportar a ideia de sua morte. Não consigo lidar com a ideia de viver em um mundo sem você.

Ela me puxa em sua direção e diz:

— Irv, não se esqueça que estou vivendo com dor e sofrimento há dez meses. Eu já disse várias vezes *que não posso mais suportar a ideia de viver assim*. Dou as boas-vindas à morte, dou boas-vindas a estar livre da dor e da náusea e deste cérebro de quimio e desta fadiga contínua e desta sensação terrível. Por favor, me entenda: confie em mim, tenho certeza de que se você tivesse vivido todos esses meses na minha condição, você se sentiria da mesma maneira. Só estou viva por sua causa. Estou arrasada com a ideia de deixá-lo. Mas, Irv, está na hora. Por favor, você tem que me deixar ir.

Esta não é a primeira vez que ouço essas palavras. Mas talvez seja a primeira vez que as deixo penetrar em minha mente. Talvez, pela primeira vez, eu realmente entenda que, se eu tivesse passado nos últimos dez meses pelo que Marilyn passou, eu estaria me sentindo exatamente da mesma forma! Se tivesse vivido com tanta angústia, estaria dando boas-vindas à morte, assim como Marilyn.

Por um momento, apenas por um momento, sinto algumas de minhas antigas palavras de médico se agrupando e lutando para se tornar uma refutação: *Você não tem que sofrer dor. Temos morfina para a sua dor, temos esteroides para o seu cansaço, temos... temos...* Mas eu não poderia dar voz a palavras tão ilegítimas.

Apenas nos abraçamos, ambos chorando. Pela primeira vez, Marilyn fala sobre minha vida após sua morte.

— Irv, não vai ser tão ruim. As crianças sempre estarão visitando. Seus amigos vão aparecer o tempo todo. Se estiver muito sozinho nesta casa grande, você pode pedir a Gloria, nossa empregada, e seu marido para se mudarem sem pagar aluguel para o meu escritório e sempre estarem disponíveis se precisar deles.

Eu a interrompo: eu havia jurado a mim mesmo que nunca imporia a Marilyn o fardo de se preocupar com minha vida sem ela. Eu a abraço e digo pela milésima vez o quanto eu a amo e admiro e devo cada partícula de meu sucesso na vida a ela.

Como sempre, ela recusa e fala do meu talento, minha criação de tantos mundos variados na minha escrita.

— Você tinha isso em você. Sua própria criatividade. Apenas ajudei você a destampar.

— Meu sucesso veio do meu cérebro, minha imaginação – sim, eu sei disso, minha querida. Mas também sei que você abriu a janela do mundo criativo para mim. Se não fosse por você, eu teria feito exatamente o que todos os meus amigos próximos na faculdade de medicina fizeram: eu teria me estabelecido em Washington, D.C. Embora aquela tivesse sido uma boa vida, nenhum dos meus livros jamais teria visto a luz do dia. Você me apresentou a formas superiores de literatura – lembre-se de que atravessei a faculdade em apenas três anos, tendo um currículo de ciências preestabelecido. Você foi meu único elo com os clássicos, com a grande literatura, com a filosofia: você ampliou minha visão estreita do mundo. Você me apresentou aos grandes escritores e pensadores.

※

Naquela noite, nossos amigos Denny e Josie nos visitaram, trazendo um jantar caseiro. Denny é um colega, um dos melhores psicoterapeutas que já conheci e também um pianista de jazz de renome nacional. Quando Denny e eu fazemos um passeio sozinhos, exponho o que estou enfrentando. Ele conhece bem a importância avassaladora de Marilyn em minha vida (assim como sua esposa para ele). Eu sabia que ele concordaria com a decisão de Marilyn de ter a morte assistida: ele muitas vezes expressou seu apoio ao direito de qualquer pessoa de acabar com a vida quando a dor é insuportável e sem esperança de recuperação.

Digo a ele que aquele é um terrível momento da vida para mim, que

Marilyn está sem tratamento para mieloma múltiplo, mas algum dia, em breve, ele inevitavelmente reaparecerá. Que, dia após dia, espero com medo. Que nunca esquecerei o início, quando Marilyn me acordou, gritando de dor nas costas por causa de uma fratura de vértebra causada pelo mieloma.

Denny fica excepcionalmente mudo: geralmente é muito responsivo e articulado, um dos homens mais expressivos e inteligentes que conheço. Seu silêncio me assusta; temo ter falado demais.

Na manhã seguinte, quando Marilyn e eu tomamos o café da manhã, ela menciona, por alto, que sentiu algumas dores nas costas. Eu suspiro silenciosamente: pensei, é claro, em suas vértebras fraturadas e sua dor terrível – seu primeiro sintoma de mieloma múltiplo. Sinto o terror surgindo: tenho temido o reaparecimento de seu mieloma múltiplo. Meus piores medos estavam acontecendo? Não faço exames físicos há vários anos, mas poderia facilmente ter colocado minhas mãos em suas costas e aplicado um pouco de pressão em cada uma de suas vértebras e identificado o local da dor. Mas não conseguia fazer isso. Nenhum marido amoroso deve estar nesta posição. Além disso, minha filha, também médica, chegaria em breve, e eu poderia pedir a ela para examinar as costas da mãe. Que horrível pensar que não poderia haver alívio para sua dor além da morfina... e da morte.

Começo a me censurar. Afinal, já trabalhei com tantas pessoas enlutadas, e a grande maioria sofreu a mesma perda que estou enfrentando agora. Sim, sem dúvida: estou experimentando meu sofrimento como pior do que o delas, ao enfatizar repetidamente a singularidade de minha perda – por quanto tempo e o quanto amei minha esposa.

Já trabalhei com tantos cônjuges enlutados que acabaram melhorando – sei que é lento, entre um a dois anos –, mas vai acontecer. Mesmo assim, saboto meus esforços para me consolar, concentrando-me imediatamente em meus muitos fardos – minha idade, meus problemas de memória, meus problemas físicos, especialmente meus problemas de equilíbrio, que tornam difícil andar sem uma bengala ou andador. Mas tenho uma réplica rápida para este eu sombrio: Irv, meu Deus – veja as suas vantagens: seu conhecimento da mente e o quanto você sabe sobre como superar momentos dolorosos. E, Irv, você tem muito apoio – quatro filhos devotados e amorosos e oito netos, nenhum dos quais recusaria qualquer pedido seu. E pense no grande número de amigos que o cercam. Você tem os meios financeiros e a capacidade de ficar em sua bela casa ou entrar em qualquer instituição residencial. E, Irv, o mais importante, você também, como Marilyn, não se arrepende – viveu uma vida longa e gratificante –, teve muito mais sucesso do que jamais poderia imaginar – ajudou tantos pacientes, vendeu milhões de cópias de seus livros em trinta idiomas e recebeu resmas de cartas de fãs todos os dias.

Então, digo a mim mesmo, é hora de parar de choramingar. Por que você está exagerando em seu desespero, Irv – é um pedido de ajuda? Ainda está tentando mostrar a Marilyn o quanto você a ama? Por Deus, ela já sabe disso. E a profundidade da sua tristeza só a faz se sentir pior. Sim, sim, respondo. Sei que ela não quer que eu mergulhe no desespero terminal – quer que eu seja feliz e melhore –, não quer que eu morra com ela. Não preciso continuar exibindo minha dor. É hora de me dar um chute na bunda.

Há uma procissão interminável de amigos e conhecidos desejando ver Marilyn, e assumo a responsabilidade de protegê-la de se exaurir em meio ao grande número de visitantes amorosos. Atuo como cronometrista e, com a maior cortesia possível, limito as visitas a trinta minutos. Minha filha criou um site que permitirá que os amigos de Marilyn recebam notícias sobre seu estado.

Marilyn se mantém firme. Quando os amigos se juntam a nós para jantar, admiro como ela segue a conversa, fazendo perguntas sobre a vida das pessoas e ajudando todos a se divertirem. É verdade que tenho habilidades para falar e trabalhar com meus alunos e pacientes, mas suas competências sociais são incomparáveis. Um ou mais de nossos quatro filhos costumam nos visitar e passar a noite. Sempre aprecio a presença deles e, invariavelmente, há discussões animadas, jogos de xadrez e, às vezes, pinocle.

Mas, por mais que ame nossos filhos, valorizo muito minhas noites a sós com Marilyn. Por vários meses, tive total responsabilidade pelas refeições: o estômago de Marilyn é extremamente sensível, e ela come a mesma comida simples todos os dias – canja de galinha com arroz e cenoura. Preparo um jantar simples para mim ou ocasionalmente peço um jantar para viagem em um restaurante. Em seguida, o noticiário da TV e a oração de Marilyn para que Trump sofresse o impeachment enquanto ela estava viva para testemunhar. Muitas vezes procuramos um filme – não é uma tarefa fácil, porque a memória de Marilyn é muito boa e, quase sempre, ela prefere um novo filme – e vemos metade do filme em uma noite e a outra metade no dia seguinte.

Hoje à noite, depois do jantar, vamos assistir ao filme antigo *Este mundo é um hospício*, com Cary Grant e Raymond Massey. Ficamos de mãos dadas. Não consigo parar de tocá-la. Apreciando o filme, olho para Marilyn com espanto ao pensar em quão pouco tempo nos resta. Eu sei… nós sabemos… que ela vai morrer em breve, provavelmente nas próximas quatro semanas. Parece surreal. Estamos simplesmente esperando que o mieloma múltiplo cause estragos em seu sorriso e em seu belo corpo. Estou com medo por ela e surpreso com sua disposição e coragem. Nunca a ouvi dizer que está assustada ou desanimada com o azar de ser visitada por esta doença.

Estou extremamente ciente de minha própria deterioração. Muitas vezes fico confuso sobre minha programação e vejo a página errada da agenda. Achei que uma paciente viria às três hoje e ela veio às quatro. Pensei que nos encontraríamos pelo Zoom e ela chegou pessoalmente. Sinto que estou começando a evadir. Eu me sinto incapaz. Com uma exceção: quando realmente começo uma consulta com um paciente, sinto meu antigo eu e quase sempre sinto que dei a cada paciente que vi, mesmo em uma única sessão, algo valioso.

Parece-me que meu equilíbrio, minha capacidade de andar e minha memória estão se deteriorando rapidamente. E agora, pela primeira vez, estou começando a me perguntar se realmente poderei viver nesta casa sozinho depois que Marilyn morrer. É uma pena que não podemos morrer juntos. Descobri recentemente que onde e como devo viver tem sido um assunto de considerável frequência entre meus filhos. Outro dia, minha filha, Eve, disse que estava pensando em mudar o fogão a gás para elétrico, porque temia que eu acidentalmente deixasse as bocas ligadas e incendiasse a casa. Fiquei irritado por ela me tratar como uma criança e tomar decisões sobre minha cozinha, mas há uma parte de mim que concorda com ela. Quando ela e meus outros filhos opinam que não posso ficar aqui sozinho em casa, fico irritado e me arrepio, mas não muito, porque temo que estejam certos. O problema não é a solidão, mas a segurança.

Não olhei profundamente para o futuro, nem considerei de verdade contratar alguém para morar comigo. Acho que me abstenho de perder muito tempo pensando nisso porque considero uma traição a Marilyn. Falei sobre isso nos últimos dias com amigos, todos os quais apoiam minha inclinação de ficar na casa que amo tanto. Morei e trabalhei na mesma comunidade por muitas décadas, estou cercado de familiares e amigos e, por enquanto, determinado a ficar em minha casa. Imagino que entre meus amigos e filhos, eu teria companhia três noites por semana e estaria perfeitamente confortável ficando sozinho o resto do tempo.

Não sou uma pessoa altamente social – minha esposa sempre desempenhou esse papel na família. Lembro-me de meu primeiro encontro com Marilyn: eu era um adolescente, apostando na pista de boliche (eu tinha uma queda por apostas – ainda tenho resquícios). Alguém, que não era um amigo próximo e tinha uma reputação bem ruim, sugeriu que fôssemos a uma festa na casa de Marilyn Koenick. Estava tão lotado que só podíamos entrar pela janela. No meio de uma casa lotada, estava Marilyn, o centro das atenções. Dei uma olhada nela e fiz meu caminho através da multidão para me apresentar. Foi um ato muito incomum de minha parte: nunca antes ou depois fui tão ousado socialmente. Mas foi mesmo amor à primeira vista! Liguei para ela na noite seguinte – meu primeiro telefonema para uma garota.

Quando penso na vida sem Marilyn, a dor e a ansiedade aumentam. Minha mente está agindo primitivamente: é como se pensar sobre meu futuro sem Marilyn fosse uma traição – um ato traidor que pode apressar sua morte. "Traidor" parece o termo correto: quando faço planos para minha vida após a morte de Marilyn, parece traição. Eu deveria estar totalmente consumido por ela, por nosso passado, por como passamos nosso tempo agora um com o outro, por nosso futuro muito breve.

Uma inspiração repentina! Eu me pergunto como seria se as coisas se invertessem. Suponhamos que fosse eu que estivesse morrendo e Marilyn que estivesse cuidando de mim com amor, como sempre fez? Suponhamos que eu soubesse que teria apenas algumas semanas de vida. Eu ficaria preocupado sobre como Marilyn se sairia sem mim? Totalmente! Eu ficaria muito preocupado e não desejaria nada além do melhor para ela. Um pensamento terapêutico instantâneo. Já me sinto muito melhor.

Novembro

CAPÍTULO 17

CASA DE REPOUSO E CUIDADOS PALIATIVOS

Casa de repouso. Essa é uma expressão que sempre associei aos últimos suspiros de um paciente moribundo. E, ainda assim, aqui estou eu marcando reuniões com a equipe da instituição. Ainda estou andando. Ainda tomando banho sozinha. Ainda lendo e escrevendo. Ainda tendo conversas lúcidas com as visitas. Apesar da fadiga contínua, ainda estou funcional.

A visita do dr. P., o médico da Mission Hospice, é muito reconfortante. É excepcionalmente fácil conversar com ele, que é informado e empático. Tem uma longa experiência no cuidado de pacientes terminais, cuidando para que a dor seja aliviada o máximo possível por meio de uma variedade de medicamentos e outras formas de tratamento, incluindo meditação e massagem. Se eu não tiver uma dor insuportável, acho que posso lutar até o fim com um mínimo de dignidade. Além disso, tenho grande confiança: ele assistiu pessoalmente à morte de cerca de cem pacientes e me garantiu que cuidaria de tudo. Sinto-me muito confortável e segura ao me colocar em suas mãos.

Também nos encontramos com a enfermeira e a assistente social que acompanharão meu caso. A partir de agora, a enfermeira virá uma vez por semana para me examinar e ver como está a evolução da doença. Ela também é muito culta e empática, e me sinto reconfortada com a ideia de suas visitas semanais. Até recebo um telefonema de um voluntário da equipe da instituição se oferecendo para vir me fazer massagem. Como adoro massagens, digo imediatamente que sim e marco uma sessão. Estou curiosa para conhecer alguém que se oferece gratuitamente para cuidados paliativos. É quase uma vergonha ter tanta atenção dispensada a este corpo moribundo de 87 anos, quando tantas outras pessoas não recebem cuidado algum.

As pessoas, incluindo Irv, continuam admirando minha capacidade de manter a calma. Sim, no geral, sinto-me calma. Apenas ocasionalmente, em sonhos, minha angústia surge. Mas, no geral, passei a aceitar o fato de que logo estarei morta. A tristeza – a grande tristeza de me despedir da família e dos amigos – não parece alterar minha capacidade de realizar os atos simples de viver o dia a dia com um ânimo razoavelmente bom. Isso não é um verniz: depois de dez meses de tratamentos tóxicos e me sentindo exaurida na maior parte do tempo, estou gostando deste indulto, por mais curto que seja.

Um dos mais respeitados professores de humanidades de Stanford, Robert Harrison, chamou a morte de "elevação" da vida. Ele pode estar pensando em "elevação" no sentido católico de fazer as pazes com Deus e receber a extrema-unção. A ideia de elevação pode ter significado para alguém que não é religioso? Se eu puder evitar o sofrimento de enorme dor física, se puder desfrutar dos prazeres simples de viver no dia a dia, se puder me despedir de meus amigos mais queridos – seja pessoalmente ou por escrito –, se puder elevar-me ao meu melhor e expressar meu amor por eles e, com graça, aceitar meu destino, então, talvez, o momento de morrer possa ser uma forma de elevação.

Penso nas formas como a morte foi vista ao longo da história, ou pelo menos na história que conheço. Lembro-me de meu livro *The Amorous Heart* (O coração amoroso), uma imagem vívida do Livro dos Mortos egípcio. Os antigos egípcios, há mais de três mil anos, julgavam a passagem da vida para a morte da maneira mais dramática. O coração, considerado a sede da alma, seria pesado em uma balança. Se fosse puro o suficiente e pesasse menos do que a pena da verdade, o falecido poderia entrar na vida após a morte. Mas se estivesse carregado de más ações, pesaria mais do que a pena na balança e faria com que o homem ou mulher mortos fossem devorados por um animal grotesco.

Bem, mesmo que eu não acredite literalmente nesse tipo de julgamento, acredito que as pessoas que estão morrendo – quando têm tempo para refletir – tendem a avaliar a vida que viveram. Certamente é o meu caso. E sem estar convencida de mim mesma em um sentido negativo, sinto que não causei nenhum estrago e posso chegar ao meu fim com poucos arrependimentos e pouca culpa. Os muitos e-mails, cartões e cartas que recebi continuam me dizendo que fui útil de maneiras significativas para várias pessoas. É certamente um dos motivos pelos quais fico tranquila na maior parte do tempo e posso antecipar a possibilidade de uma "boa morte".

A preocupação em morrer bem remonta aos autores gregos e romanos Sêneca, Epiteto e Marco Aurélio. Todos tentaram dar sentido a um universo em que qualquer existência individual fosse vista como uma minúscula fenda de luz entre duas eternidades de escuridão, uma antes da vida e outra depois. Aconselhando as melhores formas de viver social e racionalmente, esses filósofos não queriam que temêssemos a morte, mas que aceitássemos sua inevitabilidade no grande esquema das coisas.

Embora as visões cristãs de Deus e uma vida após a morte suplantassem os pensamentos desses escritores "pagãos", a ideia de morrer bem persistiu ao longo dos séculos e continua a influenciar os títulos de vários livros recentes, como *The Art of Dying Well* (A arte de morrer bem), de Katy Butler (2019). O livro *How We Die: Reflections on Life's Final Chapter* (Como morremos: reflexões sobre o capítulo final da vida), de Sherwin Nuland (1995), apresenta um relato franco e compassivo de como a vida se afasta do corpo.

Claro, como o dr. P. me lembra, morrer é sempre uma questão individual; não há uma morte que sirva para todos, mesmo para pessoas com a mesma doença. Posso ficar cada vez mais fraca ou um dos meus órgãos parar, ou, se precisar de sedação forte, posso morrer sem dor durante o sono. Como tenho a opção de morte assistida enquanto ainda estou lúcida e posso expressar meus desejos, posso marcar uma data para a minha morte. Além de um médico e uma enfermeira da casa de repouso, pedirei que meu marido e meus filhos estejam lá na hora.

Por enquanto, sou orientada pela equipe da instituição, que é muito atenta às necessidades dos pacientes terminais. Parecem antecipar minhas perguntas antes mesmo de eu formulá-las e, com base no trabalho com pessoas que morreram antes de mim, ajudam-me a formular respostas. Posso ligar para o Mission Hospice a qualquer hora do dia ou da noite para obter instruções sobre como tomar os medicamentos que já estão no meu armário e na geladeira. Eles vão mandar alguém para cá em caso de emergência. Já concluímos a papelada que rejeita expressamente medidas extremas para me manter viva. No fim, seja como for, devo ter alguma medida de controle.

Ainda assim, mesmo que eu não tenha medo da morte em si, sinto a tristeza contínua de me separar das pessoas que eu amo. Apesar de todos os tratados filosóficos e de todas as garantias da profissão médica, não há cura para o simples fato de que devemos nos separar.

Novembro

CAPÍTULO 18
UMA DOCE ILUSÃO

Já se passaram seis semanas desde que a dra. M. opinou que Marilyn tinha apenas de um a dois meses de vida. Apesar da passagem do tempo, Marilyn parece muito bem e está muito ativa. Nosso filho Ben enviou um e-mail a toda a família dizendo: "Olá a todos – Apesar de ela alegar o contrário, parece que nossa querida mãe estará por perto no Dia de Ação de Graças! Ela pediu que todos nós planejássemos nos reunir em Palo Alto para comemorar".

Marilyn está atualmente ouvindo uma palestra gravada sobre Marco Aurélio. Ela teve uma semana excelente: pouquíssima náusea, um pouco de apetite e um pouco mais de energia. Ainda passa grande parte do dia deitada no sofá da sala, cochilando ou admirando o carvalho gigante através de nossa janela. E, duas vezes nesta semana, ela esteve disposta a caminhar trinta metros até a caixa de correio.

A doença de Marilyn aumenta a consciência de minha própria mortalidade. Faço algumas compras na Amazon – baterias AA, protetores de ouvido, adoçante Splenda – e seleciono as mesmas grandes quantidades de sempre. Pouco antes de pressionar a tecla "comprar", me puno: *Irv, você não pode pedir outra remessa de trinta baterias AA ou uma caixa de mil paco-*

tes de adoçante. Você está muito velho: de jeito nenhum você vai viver tanto. Escolho um pedido menor e mais econômico.

Não tenho prazer maior do que ficar de mãos dadas com Marilyn. Não consigo obter o suficiente dela. Tem sido assim desde o ensino fundamental. As pessoas brincavam conosco sobre estarmos sempre de mãos dadas na hora do almoço no refeitório da Roosevelt High School – ainda fazemos isso setenta anos depois. Eu me esforço para conter as lágrimas enquanto escrevo essas palavras.

※

Ouço Marilyn e nossa filha, Eve, rindo e conversando em um dos quartos. Estou curioso para saber o que estão fazendo e me juntar a elas. Elas estão examinando as joias de Marilyn – seus anéis, colares e broches, peça por peça, decidindo quem, entre nossos filhos e netos, sogros e amigos íntimos, deve herdar cada peça. Parecem estar gostando da discussão.

Minutos se passam e, embora sejam apenas dez da noite, fico cansado e me deito em uma das camas enquanto observo. Depois de mais alguns minutos, começo a tremer. Mesmo com a sala aquecida a 21 graus, puxo o cobertor sobre mim. Toda a cena parece macabra: eu não poderia me imaginar sendo tão alegre enquanto entrego todos esses marcos da minha vida. Marilyn tem uma história sobre cada peça – onde conseguiu ou quem lhe deu. Sinto como se tudo estivesse desaparecendo. A morte está devorando toda a vida, toda a memória.

Por fim, estou tão dominado pela dor que preciso sair do cômodo. Em minutos, estou de volta ao meu computador digitando essas palavras – como se isso fosse impedir a passagem do tempo. E todo o projeto do livro não está servindo ao mesmo propósito? Estou tentando congelar o tempo pintando a cena presente e, com sorte, transportando-a para uma certa distância no futuro. É tudo ilusão. Mas uma doce ilusão.

Novembro

CAPÍTULO 19
LIVROS FRANCESES

Estou em meu escritório olhando para as prateleiras vazias. Nelas ficavam meus livros de francês. Devia haver pelo menos seiscentos livros, empilhados do teto ao chão em duas fileiras. Irv e eu somos pessoas que trabalham com livros desde que me lembro. Nós nos unimos por causa dos livros quando éramos adolescentes e estivemos imersos nos livros desde então. Nossa casa está cheia de livros, e pareço ser a única que sabe onde a maioria deles pode ser encontrada, mas até eu tenho meus lapsos.

Ontem, Marie-Pierre Ulloa, minha amiga mais nova do Departamento de Francês de Stanford, veio com o marido, embalou meus livros de francês e levou-os embora. Eles encontrarão um novo lar em sua biblioteca e serão colocados à disposição de acadêmicos e alunos. O fato de que esses livros não serão espalhados ao vento me consola.

No entanto, estou cheia de tristeza. Esses livros representam uma parte significativa da minha história, setenta anos de imersão na literatura e cultura francesas. O livro mais antigo, que não doei, é um exemplar de *Cyrano de Bergerac*, apresentada a mim por minha professora de francês, Mary Girard, quando me formei no ensino médio em 1950. Ela escreveu a dedicatória:

> À Marilyn, avec des souvenirs affectuex du passé et de très bons voeux pour l'avenir.

> A Marilyn, com lembranças afetuosas do passado e votos de muito bom futuro.

Foi Madame Girard quem sugeriu que eu fosse para Wellesley College, então conhecido por seu excelente Departamento de Francês, e que também considerasse uma carreira como professora de francês. Mal ela (ou eu) suspeitava que eu faria um doutorado em literatura comparada e me tornaria professora de francês durante boa parte da vida.

Meus livros foram organizados em ordem histórica, começando com a Idade Média no topo da primeira prateleira e terminando na parte inferior da segunda fileira com um bando de escritores do século XX, como Colette, Simone de Beauvoir, Violette le Duc e Marie Cardinal. A mudança de escritores predominantemente masculinos nos séculos anteriores para escritoras mais recentes provavelmente representa meu próprio gosto, mas também a crescente proeminência das mulheres na literatura atual.

Lembro-me da polêmica sobre a nova tradução de o *Segundo sexo*, de Beauvoir, escrita por minhas boas amigas Constance Borde e Sheila Malovany-Chevallier. A tradução foi julgada "muito literal" por algumas críticas, e me senti obrigada a defendê-la em uma carta ao *The New York Times*. A tradução delas com uma dedicatória para mim é outro livro do qual não pude me separar.

Mas quase todos os outros livros se foram, deixando as prateleiras vazias e um grande vazio em meu coração. No entanto, a ideia de que Marie-Pierre compartilhará esses livros me dá a esperança de que influenciem a vida de outras pessoas. Marie-Pierre sugeriu que eu afixasse *ex-libris* afirmando que vinham da biblioteca de Marilyn Yalom, então pedi a Irv que providenciasse para mim.

O que acontecerá a meus outros livros, incluindo trabalhos de estudos femininos, escritos da vida, alemão e xadrez? Vou ligar para alguns colegas e pedir-lhes que levem o que quiserem. E simplesmente terei que deixar esses problemas nas mãos de Irv e das crianças. Cada vez mais tenho que compreender que, quando eu morrer, não terei qualquer consciência ou uma palavra a dizer sobre o assunto.

Algo bastante inesperado emergiu de minha conexão com a França, com os livros e meus amigos franceses. No ano passado, quando estive em Paris, passei um tempo com meus bons amigos Philippe Martial e Alain Briottet. Ambos haviam passado a Segunda Guerra Mundial no interior da França, Philippe na Normandia sob ocupação alemã e Alain no que era então chamada de "zona livre" no sul. Alain publicou recentemente um livro de memórias sobre o cativeiro de seu pai oficial em campos de prisioneiros alemães após o armistício de 1940.

Propus a eles que editássemos um livro intitulado *Innocent Witnesses* (Testemunhas inocentes), sobre as memórias das crianças da Segunda Guerra Mundial, um livro que incluiria nossas próprias histórias e as que eu coletaria de amigos. As histórias da infância raramente se concentram exclusivamente nos terrores da guerra. As crianças se lembram do que comeram ou do que não comeram e, principalmente, dos tormentos da fome. Elas se lembram da gentileza de estranhos que os levaram para suas casas e do brinquedo raro que lhes foi dado em seu aniversário ou no Natal. Elas se lembram das brincadeiras com outras crianças, algumas das quais desapareceram de sua vida devido ao deslocamento ou morte. Elas se lembram do som de sirenes e explosões e dos clarões que iluminaram o céu noturno. Os olhos das crianças observam o funcionamento diário da guerra e, quando reabertos pela memória, ajudam o resto de nós a testemunhar sua realidade brutal.

Em *Innocent Witnesses*, compilo histórias da infância de seis pessoas que foram colegas e amigos, seguindo relatos em primeira pessoa e conversas de décadas com elas. Não conhecia esses indivíduos quando éramos crianças durante a guerra. Mas, conhecendo-os todos como adultos, fico maravilhada com sua capacidade de transcender o passado e se tornarem adultos atenciosos e realizados. A partir de suas memórias, é possível especular sobre as circunstâncias que os ajudaram a sobreviver. Quais figuras adultas ofereceram segurança e esperança para guiá-los nos piores momentos? Quais qualidades pessoais os ajudaram a se tornar adultos ativos? Como lidaram com suas memórias traumáticas do tempo de guerra? Agora que várias dessas pessoas morreram – e o restante de nós, sem dúvida, irá embora em um futuro próximo –, sinto uma obrigação especial de comunicar essas histórias.

Assim que voltei para a Califórnia, comecei imediatamente a trabalhar no manuscrito. Surpreendentemente, avancei bastante, mesmo com o diagnóstico e tratamento do mieloma múltiplo. Quando abandonei o tratamento, decidi enviar o manuscrito para minha agente, Sandy Dijkstra, para ver se ela achava que era publicável.

As coisas aconteceram muito rapidamente! Sandy enviou o material para a Stanford University Press e, em uma semana, eles fizeram uma excelente oferta – não apenas para publicar *Innocent Witnesses*, mas também para publicar este livro com Irv. Parece um presente dos deuses. Agora tudo o que tenho que fazer é permanecer viva para trabalhar nos dois livros com minha editora, Kate Wahl. Ela já leu o manuscrito e fez muitas sugestões. Espero estar à altura do trabalho. Faltando apenas duas semanas para o Dia de Ação de Graças e com as crianças vindo para cá, tenho que conservar toda a energia que puder para elas e para meus *dois* projetos de livros.

Novembro

CAPÍTULO 20

AS ABORDAGENS FINAIS

Estou no meu escritório durante grande parte da manhã, a três minutos a pé de casa, e fico chocado quando entro no escritório de Marilyn. Metade de suas estantes estão vazias. Não fui avisado sobre isso. Disponibilizar seus livros para os alunos é totalmente racional, mas sei que de maneira alguma eu poderia ter feito o que ela fez. Simplesmente não quero testemunhar como minhas posses mais significativas irão desaparecer após a minha morte.

Este é um dos principais motivos pelos quais resistirei a me mudar para uma residência menor para idosos: doar meus livros é muito doloroso. Vou deixar essa tarefa para meus filhos; posso contar com eles para tomar decisões racionais e inteligentes. De volta ao meu escritório, giro a cadeira e dou uma boa olhada na parede de livros atrás de mim. Há sete divisões, cada uma com sete prateleiras contendo aproximadamente trinta livros – cerca de 1.500 ao todo. Embora a disposição pareça aleatória, é inteligível para mim. O primeiro terço está em ordem alfabética por autor. Mas o resto dos livros é organizado por sua relação com um livro que escrevi: várias estantes de livros sobre Nietzsche ou escritos por ele, depois sobre Schopenhauer e outros sobre Spinoza, sobre psicoterapia existencial, sobre terapia de grupo. À medida que os examino, eles evocam meu estado de espírito e minha memória de onde estávamos no mundo enquanto escrevia cada livro. Escrever minhas histórias e meus romances foi o ponto alto da minha vida, e o lugar exato onde boas ideias surgiram permanece vívido em minha mente. Escrevi vários capítulos de *Quando Nietzsche chorou* e *O carrasco do amor* em Bali, no Havaí e em Paris. Meu livro de terapia de grupo em Londres. Parte de *A cura de Schopenhauer* na Áustria e na Alemanha.

A serenidade de Marilyn ao ver todas as suas prateleiras vazias é muito típica. Não há dúvida de que ela sente muito menos ansiedade sobre a morte (e menos ansiedade em geral) do que eu, e tenho poucas dúvidas sobre sua origem em nossa primeira infância. Deixe-me contar uma história sobre nossa vida, uma história que eu acredito que pode lançar alguma luz sobre a gênese da ansiedade.

O pai de Marilyn, Samuel Koenick, e meu pai, Benjamin Yalom, emigraram após a Segunda Guerra Mundial, cada um de pequenos *shtetls* na Rússia, e cada um abriu uma mercearia em Washington, D.C. O pai de Marilyn chegou aos Estados Unidos no fim da adolescência. Teve um ou dois anos de educação secular nos Estados Unidos, depois viajou com um espírito livre por todo o país antes de conhecer e se casar com a mãe de Marilyn, Celia, que havia imigrado da Polônia para os Estados Unidos. Meu pai, por outro lado, chegou aos Estados Unidos com 21 anos e não teve educação secular.

Nossos pais trabalharam duro, raramente saindo de suas lojas. O turno do meu pai era mais longo, pois ele vendia bebidas alcoólicas e mantimentos, e a loja estava aberta até as dez da noite diariamente e até meia-noite às sextas e sábados.

Mais adaptado à cultura americana, o pai de Marilyn escolheu uma casa para a esposa e as três filhas em uma parte elegante e segura de Washington, a cerca de vinte minutos de carro da loja, enquanto meu pai decidiu que a família (minha mãe, minha irmã sete anos mais velha e eu) deveria morar no pequeno apartamento em cima do armazém no que então era considerado um bairro perigoso e revolto. Para meus pais, a escolha de morar em cima da loja fazia sentido prático: minha mãe podia ajudar meu pai quando ele quisesse comer ou descansar. E quando a loja estivesse cheia, ele ligaria para minha mãe e ela desceria correndo em alguns minutos.

Embora morar em cima da loja fosse conveniente para eles, foi desastroso para mim: raramente me sentia seguro fora de casa. Em geral, trabalhava na loja aos sábados e nas férias escolares – não porque meus pais pediam, mas porque, além da minha leitura voraz, não havia muito mais o que fazer. Washington estava então segregada racialmente e éramos a única família branca na vizinhança, além dos outros proprietários de lojas. Um deles, a cinco quarteirões de distância, era amigo íntimo de meus pais do mesmo *shtetl* na Rússia. Todos os meus amigos eram crianças negras, mas meus pais não permitiam que entrassem em nossa casa. Além disso, as crianças brancas que moravam a alguns quarteirões de distância já haviam aprendido o antissemitismo na escola. Todos os dias eu caminhava pelos oito quarteirões longos e, às vezes, perigosos até a Gage Elementary School, que ficava perto de uma área branca da cidade. Lembro-me de ser saudado muitos dias pelo barbeiro a algumas portas da loja do meu pai com: "Ei, judeuzinho – como vai?".

Depois de alguns anos, meu pai desistiu da mercearia e vendia apenas cerveja e outras bebidas alcoólicas. Embora a loja fosse mais lucrativa, também tinha um grupo de clientes mais desagradável e estava sujeita a vários roubos. Para proteção, meu pai contratou um guarda armado que se sentava no fundo da loja. Quando eu tinha 15 anos, minha mãe insistiu em comprar uma casa e se mudar para um bairro mais seguro. Minha vida mudou completamente: uma escola melhor, ruas mais seguras e vizinhos amigáveis. E, acima de tudo, conheci Marilyn no nono ano. Embora daquele ponto em diante minha vida tenha melhorado drasticamente, mesmo agora, oitenta anos depois, ainda sou assombrado pela ansiedade gerada naqueles primeiros anos.

O início da vida de Marilyn não poderia ter sido mais diferente. Ela cresceu em uma parte segura e agradável da cidade. Marilyn, as irmãs e a mãe jamais colocaram os pés na loja. Além disso, Marilyn frequentou a escola de elocução, teve aulas de música e recebeu elogios contínuos, nenhum antissemitismo ou ameaça em toda a vida.

Meses depois que Marilyn e eu nos conhecemos, descobrimos que as lojas de nossos pais ficavam a apenas um quarteirão de distância. A loja do meu pai ficava na esquina das ruas First e Seaton e a loja do pai dela ficava na esquina das ruas Second e Seaton. Quando criança e adolescente, devo ter passado a pé ou de bicicleta pela loja do meu futuro sogro literalmente mil vezes! Nossos pais, porém, nunca se viram até anos depois de se aposentarem e se conhecerem em nossa festa de noivado.

Portanto, a distância, nossos primeiros anos de vida parecem semelhantes: pais que emigraram da Europa Oriental, pais que tinham mercearias a apenas uma quadra um do outro. No entanto, houve grandes diferenças em nossa primeira infância. Muitos primeiros exploradores em minha área – Sigmund Freud, Anna Freud, Melanie Klein, John Bowlby –

concluíram que o trauma inicial, mesmo datando de eras pré-verbais, tem seu preço, muitas vezes um preço indelével no conforto, na facilidade, na autoestima do adulto, mesmo nas fases finais da vida.

Novembro

CAPÍTULO 21
A MORTE CHEGA

É o mais sombio dos tempos. A morte de Marilyn agora é visível no horizonte, assomando cada vez mais perto e permeando todas as decisões, grandes e pequenas. Ela bebe chá Earl Grey no café da manhã e, quando vejo que restam apenas dois saquinhos de chá, vou ao supermercado comprar mais. Mas quantos? Ninguém mais na casa bebe chá. Cada caixa contém vinte saquinhos. Temo que ela não estará viva mais do que alguns dias, mas compro duas caixas – quarenta saquinhos de chá –, um apelo mágico para mantê-la comigo um pouco mais.

Ela acorda de manhã reclamando de dores nas costas. Mal consegue se mover sem fortes dores, e faço tudo o que posso para ajudá-la a encontrar uma posição menos dolorosa na cama. Ela sofre terrivelmente e me sinto desesperadamente impotente.

Eu me pergunto por que ela não menciona mais o fim da vida: ela falava disso com tanta frequência quando sentia muito menos dor. Ela mudou de ideia? Ela sabe que a opção de acabar com sua vida está imediatamente disponível porque, dois dias antes, o dr. P. dirigiu mais de uma hora até a farmácia mais próxima que vendia a mistura letal do medicamento e a entregou para nós. Ele o colocou no fundo de um armarinho em nosso banheiro dentro de uma sacola com grandes placas de aviso.

Sua dor nas costas é tão forte que ela não consegue mais descer, mesmo usando a cadeira elevatória da escada. Convencida de que a dor é aumentada pela cama macia que Marilyn e eu dividimos, a enfermeira da casa de repouso insiste que Marilyn durma em uma cama mais firme no quartinho do outro lado do corredor. Esta noite Marilyn dorme melhor, mas durmo mal: estou tão preocupado em não ouvi-la caso grite de dor que fiquei acordado, ouvindo, boa parte da noite. No dia seguinte, meus filhos e eu fazemos uma grande reorganização da mobília, levamos a caminha mais firme para o nosso quarto e a colocamos ao lado da nossa cama, e mudamos nossa enorme estante de livros para o outro quarto.

Agora é óbvio que Marilyn não poderá desfrutar do Dia de Ação de Graças com a família. Sua dor aumentou tanto que a equipe da instituição lhe dá uma pequena dose de morfina a cada hora para deixá-la mais confortável. As duas primeiras doses de morfina fazem com que durma a maior parte do dia. Sempre que tento falar com ela, ela só consegue murmurar algumas palavras antes de voltar a dormir. Embora eu esteja feliz por sua dor ter sido aliviada, choro ao perceber que ela e eu podemos já ter conversado pela última vez. Também vejo a frustração do meu filho Ben. Ele concordou em editar *Innocent Witnesses*, o livro de Marilyn sobre as memórias de infância da Segunda Guerra Mundial, mas não tem certeza de qual é a versão mais recente do manuscrito e tenta várias vezes perguntar à mãe sobre sua localização no computador. No entanto, ela está muito grogue para responder.

Marilyn costuma ter incontinência e, várias vezes ao dia, minha filha e meu filho mais novo, Ben (que tem três filhos muito pequenos e é muito experiente com fraldas sujas), ajudam a limpá-la e vesti-la. Nessas horas, saio da sala: quero preservar minha memória de minha bela e imaculada Marilyn. Passo o resto do dia ao lado dela lutando ainda com o terrível fato de que podemos ter trocado nossas últimas palavras um com o outro.

No fim da tarde, ela de repente abre os olhos, se vira para mim e fala:

— Está na hora. Irv, está na hora. Chega, por favor. Chega. Eu não quero viver.

— Devo pedir ao dr. P. para vir? — pergunto, com a voz trêmula.

Ela assente vigorosamente com a cabeça.

O dr. P. chega noventa minutos depois, mas conclui que Marilyn está entorpecida demais com a morfina para engolir voluntariamente as drogas que põem fim à vida, como exige a lei da Califórnia. Ele deixa ordens para limitar drasticamente a morfina e nos informa que ele e sua enfermeira voltarão na manhã seguinte às onze horas. Ele nos dá seu número de telefone celular e pede que liguemos para ele a qualquer hora, se necessário.

Na manhã seguinte, Marilyn acorda às seis da manhã muito perturbada e novamente implora ao dr. P. para ajudá-la a pôr fim à sua vida. Ligamos para ele, que chega em uma hora. Marilyn havia solicitado anteriormente que todos os nossos filhos estivessem presentes em sua morte. Três dormiram em nossa casa esta noite, mas o outro está em sua casa em Marin, a uma hora de carro.

Quando meu filho chega de Marin, o dr. P. se inclina para perto de Marilyn e pergunta em seu ouvido: "Do que você gostaria?".

— Não quero mais viver. Não mais.

— Você tem certeza de que quer partir agora? — ele pergunta.

Embora Marilyn esteja extremamente grogue, ela consegue assentir com clareza e firmeza.

O dr. P. primeiro lhe dá alguns medicamentos para evitar o vômito, em seguida prepara os medicamentos letais em dois copos. O primeiro contém 100 miligramas de digoxina, o suficiente para parar o coração. O segundo copo contém 15 gramas de morfina, 8 gramas de amitriptilina e 1 grama de diazepam.

Ele parece inquieto e, ao colocar os canudos nos copos, expressa sua preocupação:

— Espero que ela esteja consciente e forte o suficiente para sugar a medicação no copo. A lei exige que o paciente esteja consciente o bastante para engolir a droga.

Ajudamos Marilyn a se sentar na cama. Ela abre a boca para o canudo e suga do copo de digoxina. Imediatamente o dr. P. leva o segundo copo a seus lábios. Embora Marilyn esteja muito fraca para falar, ela prontamente suga o canudo, esvaziando aquele copo também. Ela deita na cama, fecha os olhos e respira profundamente. Ao redor da cama está o dr. P., a enfermeira, nossos quatro filhos e eu.

Minha cabeça está próxima à de Marilyn e minha atenção está fixa em sua respiração. Observo cada movimento e silenciosamente conto suas inspirações. Depois de sua 14ª inspiração suave, ela não respira mais.

Eu me inclino para beijar sua testa. Sua carne já está fria: a morte chegou.

Minha Marilyn, minha querida Marilyn, não estava mais lá.

Em menos de uma hora, dois homens da funerária chegam e todos esperamos na parte de baixo. Quinze minutos depois, eles a carregam pela escada em uma mortalha e, pouco antes de saírem pela porta da frente, peço para vê-la mais uma vez. Eles abrem o zíper da parte superior da mortalha, expõem seu rosto, e eu me inclino e coloco meus lábios em sua bochecha. Sua carne estava dura e muito fria. Esse beijo gelado vai me assombrar pelo resto da vida!

Novembro

CAPÍTULO 22

A EXPERIÊNCIA DO PÓS-MORTE

Depois que o corpo de Marilyn é levado pelos agentes funerários, fico em estado de choque. Minha mente continua voltando ao nosso projeto de escrita, que agora se tornou *meu* projeto de escrita. Lembre-se dessa cena, digo a mim mesmo. Preciso me lembrar de tudo o que acontece, tudo o que passa pela minha cabeça, para que eu possa escrever sobre esses momentos finais. Repetidamente, ouço-me sussurrar para mim mesmo: *nunca mais a verei, nunca mais a verei, nunca mais a verei.*

O funeral é depois de amanhã. Embora esteja cercado pelos meus quatro filhos, genro, noras e muitos netos, me sinto mais sozinho do que nunca em minha vida. Choro silenciosamente enquanto subo as escadas e passo a maior parte do dia da morte de Marilyn sozinho no quarto, tentando amenizar meu sofrimento observando a atividade de minha mente. Certos pensamentos repetitivos aparecem, cenas intrusivas e indesejadas que me oferecem uma experiência vívida e poderosa da mente obsessiva. Repetidamente, vejo cenas do terrível massacre da Praça da Paz Celestial e os enormes tanques do exército esmagando estudantes que protestavam na China. Na verdade, o pensamento é como um tanque de guerra. Não posso parar. Isso troveja em minha mente.

Por que diabos essa cena? Estou perplexo. Não tinha pensado muito sobre o levante de Praça da Paz Celestial desde que aconteceu, cerca de trinta anos atrás. Talvez tenha sido desencadeado pelas cenas recentes e repetitivas de TV dos atuais tumultos estudantis em Hong Kong. Talvez seja uma expressão visual da inexorabilidade brutal da morte. Uma coisa é certa: esta cena não é bem-vinda – não quero que contamine minha mente. Procuro em vão por um botão de desligar: repetidamente surge a mesma cena. Já trabalhei incontáveis horas com pacientes obsessivos, mas agora, neste momento, tenho uma observação muito mais vívida e profunda de suas lutas. Antes de hoje, nunca compreendi totalmente o quão indesejável e incontrolável é uma obsessão. Tento empurrar o pensamento para fora da minha mente, repassando meu mantra de respiração, inspirando enquanto digo "calma" e expirando dizendo "relaxa", mas sem sucesso. Estou surpreso com minha impotência: não consigo fazer isso por mais do que cinco ou seis ciclos de respiração antes de ver de novo os impiedosos tanques de esmagamento de alunos.

Eu me sinto exausto e me deito na cama. Minha filha e minha nora entram inesperadamente no quarto e se deitam ao meu lado. Elas já saíram quando acordo, três horas depois – talvez o cochilo do meio-dia mais longo da minha vida e a primeira vez que me lembro de ter dormido de barriga para cima!

Várias horas depois, quando vou para a cama à noite, me sinto desamparado e falaz. Esta será minha primeira noite sem Marilyn. A primeira de todas as noites solitárias até o fim da minha vida. Ah, eu passei muitas noites sem Marilyn enquanto dava aulas em outras cidades ou quando ela estava visitando Paris, mas esta é a primeira noite em que fui dormir quando não havia Marilyn, quando Marilyn não existia mais. Esta noite durmo um sono anormalmente profundo por nove horas. Quando acordo, percebo que dormi doze das últimas vinte e quatro horas – o sono mais longo e profundo em um período de vinte e quatro horas de que me lembro.

Meus quatro filhos, sem me pedir, efetivamente assumem todos os detalhes dos eventos dos próximos dias, incluindo arranjos com a funerária, encontro com o rabino e o diretor da funerária e seleção de oradores, além de contratação de fornecedores para a grande reunião pós-funeral em minha casa. Isso torna minha vida muito mais fácil, e sou muito grato e orgulhoso deles, mas, ao mesmo tempo, há uma parte de mim, uma parte infantil, teimosa, que não gosta de ser ignorada. Sinto-me esquecido, velho, ineficaz, supérfluo, descartado.

Dia do enterro. O cemitério fica do outro lado da rua da Gunn High School, onde todos os meus filhos estudaram, e a aproximadamente vinte e cinco minutos a pé de minha casa. Embora eu escreva essas palavras apenas alguns dias após a morte de Marilyn, relativamente pouco do funeral permanece vívido em minha mente. Tenho que falar com meus filhos e amigos para trazê-lo à consciência. Repressão traumática: outro fenômeno psicológico interessante que muitos pacientes descreveram e que eu nunca havia experimentado pessoalmente.

Vou começar com o que me *lembro* com clareza. Alguém (não lembro quem, mas suspeito que foi minha filha que pairou perto de mim o dia todo) me leva até a capela do cemitério. Lembro que a espaçosa capela já estava cheia quando chegamos dez minutos mais cedo. Patricia Karlin-Neuman, a rabina que conhecemos alguns anos atrás, quando Marilyn e eu fomos convidados para falar na Hillel House em Stanford, abre a cerimônia. Há breves tributos de três de meus filhos (Ben, Eve e Reid) e dois de nossos amigos mais próximos (Helen Blau e David Spiegel). Tenho uma lembrança clara de que, sem exceção, cada uma das cinco apresentações é soberbamente elaborada e entregue. Estou especialmente impressionado com a fala do meu filho Reid. Ele foi um excelente fotógrafo durante a maior parte de sua vida, mas apenas no último ano me mostrou a poesia e a prosa que havia escrito sobre sua infância e adolescência. É claro que ele tem um talento considerável que só recentemente aproveitou. Mas isso é tudo que me lembro do serviço fúnebre. Nunca antes apaguei eventos tão extensivamente da minha memória (ou deixei de registrá-los).

A próxima coisa de que me lembro é que estou sentado ao ar livre ao lado do cemitério. Como vim do auditório da funerária para cá? Andei? Ou uma rápida saída de carro? Não me lembro. Mais tarde, pergunto à minha filha, que me disse que fomos juntos até lá. Lembro-me do local do túmulo e de estar sentado com meus filhos na primeira fila de cadeiras em frente ao caixão de Marilyn, que foi lentamente baixado para uma cova profunda. A poucos metros de distância está o túmulo da mãe dela.

Lembro-me de estar em meio a uma névoa, sentado imóvel como uma estátua. Só me lembro vagamente dos convidados enfileirados em frente à cova e, enquanto uma prece é entoada, uma pessoa por vez pega uma pá e joga terra sobre o caixão. Lembro-me dessa tradição de outros enterros dos quais participei. Mas, nesse dia, estou horrorizado com isso, e não vou jogar terra no caixão de Marilyn. Então, fico ali sentado, em transe, até que todos tenham terminado.

Não sei se alguém percebe minha recusa em participar do enterro de Marilyn, ou, se a tiver percebido, espero que atribuam à minha instabilidade para ficar de pé e à forte dependência de minha bengala. Logo em seguida, volto para casa com meus filhos.

Em casa, a maior parte do pessoal está desfrutando de conversas, champanhe e pedaços de comida fornecidos pelo bufê que meus filhos contrataram. Não consigo me lembrar se bebo ou provo alguma coisa. Acredito ter conversado longamente com alguns amigos próximos, mas novamente todos os outros detalhes da recepção se evaporaram. De uma coisa estou certo: não fui um anfitrião adequado, circulando, cumprimentando os amigos; na verdade, não me lembro de sair da cadeira. Sentados ao meu lado, dois amigos falam sobre participar de um curso noturno em Stanford sobre contos dos séculos XIX e XX e me convidam para acompanhá-los.

Ah, sim, vou fazer isso, decido. Talvez isso represente o início da minha vida sem Marilyn.

E então, quase instantaneamente, começo a pensar nela em seu caixão subterrâneo. Mas bani o pensamento: sei que Marilyn não está no caixão. Ela não está em lugar algum. Ela não existe mais – exceto em minha memória e na memória de todas as pessoas que a amavam. Será que algum dia realmente entenderei isso? Será que algum dia vou chegar a um acordo com a morte dela? E com a minha morte por vir?

Não tenho que enfrentar a morte de Marilyn sozinho: depois do funeral, meus quatro queridos filhos ficam comigo o máximo que podem. Minha filha, Eve, sai de seu trabalho como ginecologista por quase três semanas e cuida de mim com carinho. Finalmente, digo a ela que sinto que estou pronto para ficar sozinho, mas, em sua última noite comigo, tenho um verdadeiro pesadelo, o primeiro em muitos anos. Está escuro, no meio da noite, e ouço um rangido. Sei que a porta do quarto está se abrindo. Eu me viro em direção à porta e vejo a cabeça de um homem. Ele é bonito e está usando um chapéu de feltro cinza-escuro. De alguma forma, sei que é um gângster e que vai me matar. Acordo com o coração acelerado.

A mensagem óbvia desse sonho é que eu também tenho um compromisso iminente com a morte. Esse fedora cinza... igual ao que meu pai usava. E meu pai era bonito. Mas longe de ser um gângster. Era um homem bom e gentil que morreu há mais de quarenta anos. Por que estou sonhando com meu pai? Raramente penso nele. Talvez não tenha sido enviado para me matar, mas para me escoltar ao reino dos mortos, onde Marilyn e eu residiremos para sempre.

Talvez o sonho também esteja me dizendo que ainda não estou preparado para a partida de minha filha, não estou pronto para ficar sozinho. Mas não compartilho o sonho com ela: ela é médica e já cancelou muitas consultas com seus pacientes. É hora de voltar para sua própria vida. Meu filho Reid pode ter percebido que não estou pronto para ficar sozinho e, sem me pedir, vem passar o fim de semana. Gostamos muito de jogos de xadrez, assim como gostávamos quando ele era criança.

Só na semana seguinte, quando faz um mês da morte de Marilyn, passo meu primeiro fim de semana sozinho. Ao relembrar o funeral de Marilyn, me pergunto como me senti tão entorpecido e calmo no dia do enterro. Talvez seja por eu ter estado tão perto dela enquanto morria. Não deixei nada por fazer. Eu raramente saía de seu lado e contei as últimas respirações que ela deu. E aquele último beijo em sua bochecha gelada – *aquele* foi o verdadeiro momento de dizer adeus.

De mãos dadas em nossa festa de noivado.

NÓS LEMBRAREMOS

Tributos a Marilyn Yalom

22 de novembro

Eve Yalom, filha

Bem no início, quando minha mãe estava fazendo quimioterapia, ela recebeu demonstrações de amor de muitos de vocês. Ela frequentemente dizia perceber que "Você não vive apenas para si mesmo". Até essa jornada, ela realmente não havia percebido o quanto era importante para tantos de vocês – quantos de vocês foram aconselhados, educados, encorajados, estimulados e amados por ela.

Essa percepção a afetou profundamente e fez seus últimos meses valerem a pena. Ela queria se despedir pessoalmente de todos e deixar que cada um de vocês soubesse o quanto os amava.

Como filha dela, imaginei que sempre houve espaço para outro prato na mesa, outro centímetro de espaço no colo minúsculo, mas poderoso, da minha mãe. Eu me senti profundamente amada, guiada e, sim, pressionada a fazer o melhor que pudesse, como todos nós éramos.

Que sorte eu tive de ter uma mãe tão feminista! Foi sorte para minha geração saber que isso poderia ser feito, e uma sorte poder ter a orientação dela. E ela foi mentora e mãe de meus colegas de infância e de meus filhos, e também dos colegas de infância deles.

O trabalho da minha vida como obstetra tem sido trazer uma nova vida ao mundo, mas, de alguma forma, parece muito adequado que eu esteja aqui para ajudar a conduzi-la.

Reid Yalom, filho

Marilyn amava a terra,
amava colocar as mãos no rico solo argiloso
ajoelhando-se para plantar tomates
e colher morangos.
Sentiremos falta de seu *chutney* e suas compotas de damasco.
Marilyn amava o ar.
Era uma boa caminhante
com suas pernas robustas.
Eu me lembro de um momento especial
colhendo mirtilos em Heidelberg
inalando o perfume azul.
E outro momento,
vendo-a segurar a mão de Irv
em uma praia havaiana ao pôr do sol.
Posso vê-la fechar os olhos
e inspirar
o ar carregado de sal.
Ela amava o fogo
e todas as coisas quentes.
Quando a madeira de inverno estalava
Marilyn sempre se sentava
dignamente perto de chamuscar.
Eu me lembro daquela semana em Silver Lake
quando três gerações se reuniram
para caminhar e nadar.
e histórias e canções
à fogueira
onde ela gostava de seus marshmallows
uniformemente dourados.
Marilyn amava a beleza –
não de um simples jeito hedonista,
mas como afirmação da vida,
como emblema da bondade da humanidade.
De certo modo, era a bondade
sua causa,
sua religião.
Ela buscou por isso em seu trabalho

e compartilhou com o mundo –
em seus escritos,
e com seus filhos
em momentos cotidianos –
antes do jantar ouvindo
as *Quatro estações* de Vivaldi,
talvez um copo de xerez não muito seco na mão –
ou de formas extraordinárias –
transportando-nos para ver
os vitrais em Chartres –
mas, o mais importante,
reunindo um grupo tão incrível de amigos,
alunos, colegas –
e, é claro, sua família –
Irv, meus irmãos, nossas esposas e seus agora
oito netos.
Ela nos encorajou
a abraçar sua causa;
descobrir a bondade
em outras culturas e religiões,
na humanidade.
um no outro.
Sentirei muita falta dela com essa luz,
mas não espero vê-la diminuída;
em vez disso, aumentando em intensidade
irradiando para o céu noturno
como tantas estrelas brilhantes
em um universo em constante expansão.
Cada um de vocês agora possui essa luz.

Nosso casamento. Washington, D.C. Junho de 1956.

Reunião de família, 1976. Nossa filha, Eve, e nossos filhos Reid, Victor e Ben (sentado no chão).

Ben Yalom, filho

Minha mãe tinha uma maneira particular de ver o mundo, muito influenciada por seu tempo na França. *La façon ou manière correcte de faire les choses*. A maneira correta de fazer as coisas. Isso incluía palavras educadas e corteses, boas maneiras, e escovar o cabelo, lavar as mãos e vestir uma camisa apropriada para o jantar. Além de lidar com os filhos, acho que esse senso de *la façon correcte de faire les choses*, embora talvez um pouco deslocado na Califórnia do fim do século XX, lhe proporcionou sua confiança no mundo, um senso de direção a que muitos de vocês aludiram nas memórias maravilhosas que compartilharam.

Um extremo dessa visão de mundo era a expressão, com a qual ela sempre me presenteou quando eu era jovem, que "as crianças devem ser vistas, e não ouvidas". Rá! Para sua consternação, eu não era uma criança quieta e educada. Pelo contrário, era teimoso, cheio de vontades e muito falante. Não me lembro de ter sido terrivelmente difícil, mas todos me garantem que fui.

Fiquei especialmente ciente disso recentemente, observando-a com meu filho de seis anos, Adrian. Ele é uma criança selvagem e profundamente teimosa. Rápido para berrar e atirar coisas e me garantir, sem dúvida, que sou o pior pai do mundo, ele é claramente minha retribuição cármica pessoal.

No entanto, quando tranquilo, também é belo, radiante e adorável. Eu temia que minha mãe ficasse chocada com seu comportamento, já que muitas vezes é de *la façon correct de fair les choses*, e já que ele é de ser visto, não ouvido. Mas, pelo contrário, Marilyn desenvolveu rapidamente um forte vínculo com ele. "*Il est très attachant*", ela me dizia sempre que conversávamos – a pessoa rapidamente se apega a ele.

Juntos, eles passariam horas entoando canções de ninar da Mamãe Gansa – *Humpty Dumpty* e *Four and Twenty Blackbirds*, e outros sucessos (e de novo e de novo):

Hey Diddle Diddle
the Cat and Fiddle
the Cow jumped over the Moon
the little Dog laughed to see such a sight
and here they would burst into laughter and shout out –
And the Dish Ran Away with the Spoooooooon!

o que inevitavelmente fazia Adrian rolar no chão em um ataque incontrolável de risos.

Dançando no Havaí em nosso quinquagésimo
aniversário de casamento.

Essa paciência, afeição e terna alegria me lembram de que minha mãe não era, de fato, excessivamente dura ou severa, embora às vezes parecesse. Ela conseguiu acalmar aquele monstro teimoso em mim, de alguma forma com seu próprio jeito calmo, quieto e sábio.

Sei que durante esses últimos meses ela conversou com cada um dos filhos, e muitos amigos, compartilhando lembranças especiais. Na segunda à noite, a última vez em que conversamos com lucidez, ela me disse: "Você era meu bebê, sempre será meu bebê".

Nós lembraremos
Lido por Eve Yalom e suas filhas Lily e Alana
Recitado por todos os presentes

Quando sentirmos o aroma de lavanda du Provence,
          Vamos nos lembrar dela.
Quando lermos um livro inteligente e bem elaborado,
          Vamos nos lembrar dela.
Quando nos referirmos a Deus em sua forma feminina,
          Vamos nos lembrar dela.
Quando nós, mulheres, nos sentarmos à mesa
  para falar o que pensamos,
          Vamos nos lembrar dela.
Quando sentirmos reverência pela história, mas nos sentirmos livres
  para questionar o patriarcado,
          Vamos nos lembrar dela.
Quando ouvirmos os sinos de São Sulpício,
          Vamos nos lembrar dela.
Quando os damascos estiverem em flor,
          Vamos nos lembrar dela.
Quando o chá da tarde se transformar em xerez à noite,
          Vamos nos lembrar dela.
Quando a costela for roída até o osso,
          Vamos nos lembrar dela.
Quando o policiamento gramatical questionar uma citação,
          Vamos nos lembrar dela.
Quando um brinde de champanhe for feito,
          Vamos nos lembrar dela.
Quando estivermos confusos, abatidos, empolgados ou alegres,
          Vamos nos lembrar dela.
Enquanto vivermos, ela também viverá, porque agora ela é
  uma parte de nós.
          Vamos nos lembrar dela.

Em uma jornada de palestras na Rússia.

40 dias após a morte de Marilyn

CAPÍTULO 23

A VIDA COMO UM ADULTO INDEPENDENTE E SOZINHO

Faço caminhadas de quarenta e cinco minutos todos os dias, às vezes com amigos ou vizinhos, mas geralmente sozinho, e passo várias horas por dia trabalhando neste livro, e trabalhando muitas horas ao telefone com meu bom amigo e coautor, Molyn Leszcz, escrevendo e editando os últimos capítulos da futura sexta edição da *Psicoterpia de grupo: teoria e prática*. Na maioria das vezes, me sinto ocupado e não aceito muitas intrusões. Estou tão dedicado a escrever este livro que fico ansioso para chegar ao meu escritório por volta das oito horas todas as manhãs. Fico mais feliz quando escrevo, mas me preocupo com meu estado de espírito quando terminar este trabalho. Minha previsão é que uma tristeza profunda me abaterá.

De modo geral, estou surpreso por estar indo tão bem. Por que não fiquei paralisado por minha perda? Nunca duvido da profundidade do meu amor por Marilyn: tenho certeza de que nenhum homem amou mais uma mulher. Quantas vezes, ao vê-la sofrer durante os últimos meses, eu disse: "Gostaria de poder ter sua doença por você". E estava falando sério: eu teria dado minha vida por ela.

Eu revejo repetidamente aquelas horríveis últimas trinta e seis horas de sua vida, quando não saí de seu lado e incontáveis vezes beijei sua testa e bochechas, embora ela muitas vezes não respondesse. Sua morte foi um alívio para nós dois – para ela, um alívio da náusea contínua, da dor e do extremo cansaço por ter se despedido de um grande número de amigos e familiares que a amam. E, para mim, uma libertação de vários meses de impotência observando-a sofrer. As últimas trinta e seis horas foram as piores para mim porque a morfina e o lorazepam que ela recebeu, mesmo em pequenas doses, dificultaram sua capacidade de comunicação: tentei conversar com ela quando abriu os olhos brevemente, sorriu para mim, tentou dizer uma ou duas palavras e depois adormeceu. Lembro-me de ter ficado irracionalmente zangado com a enfermeira da casa de repouso por dar morfina demais, privando-me assim da última oportunidade de falar com Marilyn.

Outra cena de despedida de um passado distante surge inesperadamente em minha mente, uma cena que ocorreu durante os anos em que trabalhei com grupos de pacientes com câncer terminal – uma cena que havia esquecido há muito tempo. Em várias ocasiões, pacientes doentes demais para comparecer à reunião do grupo entraram em contato comigo solicitando uma visita domiciliar, com a qual sempre concordei. Um dia recebi esse pedido de Eva, uma mulher de meia-idade morrendo de câncer no ovário que raramente faltava a uma reunião do grupo. Eu apareci na porta da frente de sua casa um dia depois de receber sua ligação, e seu cuidador me recebeu e me levou até seu quarto. Eva, que estava cochilando, abriu um largo sorriso ao me ver e, com a voz fraca e rouca, pediu privacidade. Seu cuidador saiu do quarto.

Ela parecia muito frágil, a voz antes poderosa agora estava reduzida a um sussurro. Ela falou que o médico lhe dissera que ela não tinha muito tempo de vida e a aconselhou a ir ao hospital, mas ela recusou, dizendo que preferia morrer em casa. Ela então virou a cabeça para mim, estendeu o braço para pegar minha mão e, olhando diretamente em meus olhos, perguntou:

— Irv, um pedido final, por favor. Você se deitaria na cama ao meu lado?

Eu não poderia recusá-lo – nunca me perdoaria –, embora fosse assombrado pela imagem de ter de me defender diante das expressões duras e severas dos rostos de uma junta de ética médica. Sem tirar os sapatos, deitei-me de costas ao lado dela e, de mãos dadas, conversamos por cerca de vinte e cinco minutos e nos despedimos. Sinto-me orgulhoso por ter confortado de alguma forma essa querida mulher.

Conforme essa memória evapora, minha mente volta para Marilyn deitada no caixão no subsolo. Mas não posso, não ficarei focado no cemitério ou em seu caixão – sei que minha querida Marilyn não está realmente lá.

Acredito que sinto a tristeza se dissipando. Talvez o caos e o desespero tenham acabado comigo. Mas, pouco tempo depois, recebo um e-mail de Pat Berger. Seu marido, Bob Berger, e eu éramos melhores amigos durante e depois de nossos tempos de estudantes de medicina, até ele morrer, três anos atrás. Perto do fim de sua vida, escrevemos um livro, *Vou chamar a polícia*, sobre sua sobrevivência na Hungria durante o Holocausto nazista. O e-mail de Pat Berger contém uma bela foto de Marilyn tirada três anos atrás sob um caule de magnólia em flor. Olhar para aquela foto e nossos tempos felizes do passado acende minha dor e me puxa de volta à realidade. Não tenho dúvidas de que tenho muito sofrimento pela frente.

∽

Embora eu esteja com meus 88 anos, tenho muito o que aprender sobre a vida – principalmente como viver sendo um adulto independente e sozinho. Fiz muita coisa na vida – me tornei um médico, cuidei de tantos pacientes, ensinei a alunos, escrevi livros, fui pai e criei quatro filhos amorosos, generosos e criativos –, *mas nunca vivi como um adulto independente!* Sim, é chocante, mas é verdade. Eu me espanto e fico repetindo: *nunca vivi como um adulto independente.*

Depois que nos conhecemos na escola fundamental, Marilyn e eu estávamos sempre juntos até que ela embarcou no trem para estudar em Wellesley College em Massachusetts. Permaneci em Washington, D.C, cursando a grade de preparação para medicina na Universidade George Washington, morando com meus pais e não fazendo nada além de estudar intensa e ansiosamente.

Eu tinha bons motivos para a ansiedade: naquela época, todas as escolas de medicina dos Estados Unidos tinham uma cota fixa de 5% para estudantes judeus. Não tenho certeza da minha fonte, mas em algum lugar soube que as escolas médicas ocasionalmente aceitavam alunos excelentes depois de apenas três anos, em vez de quatro anos de faculdade. Essa foi uma informação importante para mim: eu estava com muita pressa para me casar com Marilyn e muito ameaçado por todos os alunos de Harvard que ela estava conhecendo e que tinham muito mais a oferecer a ela – muita sofisticação, muita riqueza, muita proeminência familiar. Aproveitei a oportunidade de encurtar meu tempo longe dela e estava absolutamente determinado a entrar na faculdade de medicina um ano antes. A solução era óbvia: se só tirasse A durante meus três anos como estudante de graduação da GW, eles *teriam* que me aceitar na Escola de Medicina da GW. Foi exatamente o que aconteceu!

Durante nossos anos de faculdade separados, Marilyn e eu mantivemos um contato próximo: sem falta, escrevíamos cartas todos os dias e ocasionalmente falávamos ao telefone. (As ligações de longa distância de Washington para New England eram caras na época e eu não tinha renda.)

Depois de ser admitido na Escola de Medicina da George Washington, fiquei apenas um ano antes de me transferir para a Escola de Medicina da Universidade de Boston para ficar mais perto de Marilyn. Lá, aluguei um quarto em uma casa na Marlborough Street, onde moravam quatro outros estudantes de medicina. Passei todos os fins de semana com Marilyn. Casamos no meu terceiro ano da faculdade de medicina e depois moramos juntos pelo resto da vida de Marilyn: primeiro em um apartamento em Cambridge, depois um ano em Nova York, onde fiz residência, e três anos na Johns Hopkins em Baltimore, seguidos por dois anos no Havaí servindo no Exército e depois em Stanford em Palo Alto, Califórnia, pelo resto de nossa vida.

Então, agora, com 88 anos de idade e Marilyn morta, encontro-me vivendo sozinho pela primeira vez. Tenho que mudar muitas coisas. Se eu assisto a um programa de TV excelente, anseio por contar a Marilyn sobre ele e, repetidamente, tenho que me lembrar de que Marilyn não *está aqui* e que o programa de TV, esse floco de vida, é valioso e interessante, muito embora Marilyn nunca vá compartilhar disso. Eventos análogos acontecem com muita frequência. Uma mulher telefona e pede para falar com Marilyn. Quando a informo de sua morte, ela começa a soluçar ao telefone, me diz o quanto sentirá falta de Marilyn e o quanto Marilyn foi importante para ela. Quando finalizo a ligação, mais uma vez sou obrigado a lembrar de que essa experiência acaba também comigo. Não haveria como compartilhar a experiência com Marilyn.

Mas *não* estou me referindo à solidão. É uma questão de aprender que algo pode ter valor, interesse e importância, *mesmo que eu seja o único que vivencia, mesmo que não possa compartilhá-lo com Marilyn*.

༄

Alguns dias antes do Natal, toda a minha família está em casa – meus quatro filhos, seus cônjuges, seis netos e seus cônjuges –, cerca de vinte ao todo, dormindo nos quartos, na sala, no escritório de Marilyn, em meu escritório. Meus filhos estão falando sobre o cardápio e as atividades da noite, e de repente eu congelo: posso ouvi-los, mas não consigo me mover. Eu me sinto como uma estátua e meus filhos ficam cada vez mais preocupados. "Pai, você está bem? Pai, o que há de errado?"

E então, pela primeira vez, começo a chorar e tento, com muita dificuldade, dizer:

— Ela não está aqui, em lugar nenhum. Marilyn *nunca, nunca* saberá de tudo o que está acontecendo aqui esta noite.

Meus filhos parecem em estado de choque: nunca haviam me visto chorar.

Todos sentem intensamente a ausência de Marilyn quando a família se reúne na nossa celebração de Natal/Chanuca. Muitos de nós trazemos comida chinesa de um restaurante próximo para a véspera de Natal. Enquanto esperamos pelo jantar, termino um jogo de xadrez com Victor. Há uma certa calmaria, e de repente eu começo a dizer algo para Marilyn. É claro, ela não está ali. Eu estava absorto no meu jogo com meu filho, mas, quando o jogo acabou, de repente me sinto vazio. Com exceção de seu primeiro ano de faculdade na França, passei todas as vésperas de Natal com Marilyn por setenta anos consecutivos. Tenho sentimentos e memórias não verbais de todos os outros Natais que tivemos juntos – todas as árvores, os presentes, o canto e a comida. Mas este ano é diferente: há pouca alegria e nenhuma árvore de Natal. Sinto tanto arrepio e frio que fico na saída de ar quente para me sentir melhor. Amo muito todos aqui – estou rodeado por meus filhos e netos –, mas sinto um vazio. O cerne está faltando.

No dia de Natal, minha filha prepara o prato principal, pato à Pequim; outros cozinham uma variedade de pratos que não têm relação entre si. Todos sabem, e muitos comentam, que se Marilyn estivesse viva, nunca poderíamos ter pedido comida para viagem na véspera de Natal, ou pratos que não combinam para o jantar de Natal. Além disso, Marilyn sempre começava o jantar de Natal/Chanuca com alguma fala formal ou, geralmente, uma leitura da Bíblia. Na primeira festa sem ela, todos nos sentimos perdidos. Não há um começo formal: simplesmente nos sentamos e comemos. Sinto falta da leitura cerimonial: eu a considerava natural, como tantas outras coisas que minha preciosa esposa providenciava para mim.

Nos últimos dez anos, desde os seus dezesseis, minha neta Alana e eu assamos kichel no Natal, seguindo a receita da minha mãe. Alana está crescida, uma estudante de medicina do quarto ano, noiva, e agora é o membro responsável pela equipe de preparação do kichel. Nós preparamos a massa, a levedura e a manteiga na noite anterior e, de manhã cedo, abrimos a massa crescida e adicionamos passas, nozes, açúcar e canela para cerca de trinta suculentos pastéis. Desta vez, nós os preparamos com tristeza, nós dois pensando no quanto Marilyn os teria amado.

A família cresceu tanto que nos últimos Natais sorteamos e fazemos um amigo oculto. Mas neste ano cancelamos a compra de presentes: há muita tristeza e muito pouco interesse em dar ou receber presentes.

Terei meus filhos comigo nos próximos dias, então não estou preocupado com a solidão. Muita conversa, refeições maravilhosas, muito xadrez, palavras cruzadas e pinocle. Quando meus filhos vão embora, passo a véspera de Ano-Novo sozinho. Torna-se uma experiência inesperadamente favorável. Minha introversão subjuga a solidão. À medida que a meia-noite se aproxima, ligo a TV e assisto a todas as celebrações, da Times Square a San Francisco. De repente, percebo que é apenas o segundo Ano-Novo em *setenta anos* que estou sem Marilyn ao meu lado. (A primeira vez foi quando ela fez o primeiro ano na França.) Na TV, vejo as pessoas festejando na Times Square, mas diminuo o volume. Não há mais Marilyn e a vida real acabou. Eu me sinto pesado e triste, e sei que ninguém pode consertar isso. Marilyn está morta. Imagino seu corpo em decomposição no caixão. Ela agora vive apenas em minha mente.

43 dias depois

CAPÍTULO 24
SOZINHO EM CASA

Para todo lugar que me viro, lembranças de Marilyn me confrontam. Entro em nosso quarto e vejo muitos de seus medicamentos em sua mesa de cabeceira. Amanhã pedirei a Gloria, minha empregada, que os coloque em algum lugar fora de vista. Então vejo um par de óculos de leitura de Marilyn em sua cadeira na sala de TV, e vários outros pares em seu banheiro. Por que ela tinha tantos óculos? Com infindáveis frascos e caixas de remédios, ao lado do sofá onde ela passou grande parte de suas últimas semanas, vejo seu iPhone. O que fazer com tudo isso? Como acontece em relação à maioria das coisas agora, evito o problema e entrego-o aos meus filhos.

    Muitas semanas se passaram antes que eu abrisse a porta de seu escritório. Mesmo agora, seis semanas após sua morte, não me aventuro muito lá dentro e evito olhar para todos os objetos em sua mesa. Ainda não quero tocar nos pertences de Marilyn – não quero mantê-los, não quero me desfazer deles. Sim, estou sendo infantil, mas não me importo. Sinto vergonha apenas quando penso em todas as pessoas enlutadas que aconselhei ao longo dos anos que não tiveram o luxo de uma grande família para remover todos os vestígios da pessoa que morreu.

Uma foto de Marilyn está em um canto da sala de estar virada para a parede. Vi essa foto magnífica em seu obituário no *Washington Post* e gostei tanto que rastreei o negativo e pedi a meu filho Reid, um talentoso fotógrafo, que fizesse uma impressão. Ele emoldurou e trouxe no Natal. Nos primeiros dias, fiz questão de olhar para a foto com frequência, mas, sem exceção, senti muita dor e acabei virando a foto para a parede. De vez em quando, vou até ela, viro, respiro fundo e fico olhando diretamente para ela. Ela é tão linda que seus lábios parecem dizer: *"Não se esqueça de mim... você e eu, meu querido, sempre... não se esqueça de mim"*. Eu me afasto, cheio de dor. Mais dor do que posso suportar. Eu choro alto. Não sei o que fazer.

Devo me proteger dessa dor? Ou devo fazer o contrário e insistir em olhar para ela fixamente e chorar sem parar? Sei que chegará um momento em que pendurarei essa foto na parede e a olharei com muito prazer. Nossos olhos se encontrarão e se fixarão, e ambos estaremos muito cheios de amor um pelo outro e muito gratos por termos conseguido passar nossa vida juntos. Minhas lágrimas fluem enquanto digito essas linhas e paro, enxugo os olhos e encaro pela janela os galhos de nosso carvalho que se estendem em direção ao céu azul claro.

Os eventos que desejo compartilhar com Marilyn abundam. Fico sabendo que a Maximart, a pequena farmácia de bairro que apoiamos há mais de quarenta anos, acabou de fechar para sempre, e imediatamente me imagino dando a ela a notícia e sua subsequente decepção. Ou, então, que nossos dois filhos mais velhos, que durante anos se recusaram a jogar xadrez um contra o outro, agora jogaram xadrez de forma amigável durante o feriado de Natal. Ou que um de meus filhos, que se recusou a aprender pinocle, agora está aprendendo as regras e começando a jogar comigo e com os irmãos. Os episódios de xadrez e pinocle refletem como a família está se unindo cada vez mais. Ah, como eu gostaria de poder contar isso a Marilyn! Ela teria ficado tão satisfeita.

Ao ler sobre outras pessoas enlutadas, aprendo sobre a grande diversidade de comportamento. Li um breve artigo de um marido enlutado que tem uma mensagem de voz antiga de sua esposa no telefone, a qual ele escuta repetidamente. Estremeço ao ler isso: eu não poderia suportar a dor de ouvir a voz de Marilyn. Eu me pergunto se isso o congela de dor e o impede de começar uma nova vida. Mas, então, talvez eu esteja assumindo uma postura muito severa. Todos sofrem de sua maneira idiossincrática.

Li um artigo que mostra evidências de que homens que perderam as esposas têm uma taxa de mortalidade muito mais alta nos quatro anos seguintes do que os não enlutados. O prognóstico é ainda pior para homens que eram altamente dependentes da esposa falecida para prazer ou estima. No entanto, não estou perturbado com isso: é estranho agora como tenho pouca preocupação em relação à minha própria morte. Em tempos passados, muitas e muitas vezes experimentei a ansiedade em relação à morte. Lembro-me particularmente de pesadelos sobre a morte, muitos anos atrás, quando trabalhava com grupos de terapia para pacientes que morriam de câncer. Mas agora nem resquício. Estou totalmente impassível com a ideia de minha morte.

45 dias depois

CAPÍTULO 25
SEXO E LUTO

Parece que foi há muito tempo que fui visitado por aquelas imagens de pesadelo com tanques blindados esmagando estudantes na Praça da Paz Celestial, embora tenha sido logo depois da morte de Marilyn, enquanto eu esperava seu funeral e enterro. A persistência dessas imagens me deu uma nova perspectiva sobre a natureza e o poder do pensamento obsessivo. E, depois de alguns dias, os tanques blindados e a Praça da Paz Celestial evaporaram gradualmente. Minha mente em repouso ficou mais tranquila nas últimas semanas.

Mas, agora, uma nova obsessão invadiu meus pensamentos: sempre que relaxo e tento limpar a mente, por exemplo, esperando dormir depois de apagar as luzes, sou visitado por atraentes pensamentos sexuais envolvendo mulheres que conheci ou vi recentemente. Essas imagens são poderosas e persistentes. Tento bloqueá-las, expurgá-las da consciência, direcionar os pensamentos para outro lugar. Mas, alguns minutos depois, eles reaparecem e novamente arrastam a minha atenção. Estou inundado de desejo e vergonha. Estremeço com essa deslealdade a Marilyn, enterrada há apenas algumas semanas.

Ao relembrar as últimas semanas, também percebi um desenvolvimento curioso (e constrangedor): o interesse intensificado pelos seios das mulheres, especialmente seios grandes. Não sei se alguma mulher percebeu, mas tenho que ficar me lembrando de olhar para o rosto em vez dos seios de muitas amigas de Marilyn que me visitam. Uma imagem de desenho animado vem à mente – não tenho ideia de onde a vi pela primeira vez, talvez na adolescência: uma mulher erguendo o queixo de um homem em direção ao rosto enquanto diz: "Oi, oi, estou aqui em cima!".

Esse interesse renovado às vezes é acompanhado por uma cena do passado – cerca de setenta e cinco anos atrás – que, nos últimos dias, tem invadido a minha mente. Na cena, lembro-me de mim mesmo com dez ou onze anos, entrando no quarto dos meus pais por algum motivo e encontrando minha mãe seminua. Em vez de se cobrir, ela ficou ali parada com os seios nus e corajosamente olhou nos meus olhos, como se dissesse: "Dê uma boa olhada!".

Lembro-me de ter passado muitas horas discutindo essa memória com Olive Smith, que foi meu analista por mais de seiscentas horas de psicanálise durante minha residência psiquiátrica. Obviamente, estou agora em grande angústia e não é por acaso que regredi. Como uma criança, busco melancolicamente o socorro materno. Uma frase que usei em algum lugar em um de meus livros volta à mente: "Freud não estava errado sobre tudo".

Estou inquieto e com vergonha dessas obsessões sexuais. Um debate prossegue em minha mente. Como eu poderia desonrar a mim mesmo e ao meu amor por Marilyn? Meu amor é realmente tão superficial assim? *Mas, por outro lado, não é minha tarefa agora permanecer vivo, começar uma nova vida?* No entanto, sinto muita vergonha por manchar a memória de Marilyn. *Mas talvez esses pensamentos sexuais sejam perfeitamente naturais para alguém que formou um casal durante toda a vida e de repente se encontra solteiro.*

Decido examinar a literatura sobre luto e sexualidade, mas, como o leitor deve se lembrar, não estou por dentro da pesquisa de literatura médica contemporânea. Localizo uma especialista em pesquisa de literatura médica – a mesma pessoa que recentemente ajudou a mim e a Molyn Leszcz, o coautor das quinta e sexta edições de nosso livro sobre terapia de grupo. Atribuo-lhe a tarefa de pesquisar na literatura médica e psicológica qualquer artigo sobre luto e sexualidade. Um dia depois, ela me envia um e-mail e responde que procurou por várias horas, mas encontrou o zero... nada... na literatura! Ela se desculpa e escreve que, como não tinha nada a fornecer, recusaria meu pagamento. "Bobagem", respondo, e insisto em pagar. Sua incapacidade de encontrar qualquer artigo já é uma informação importante.

Em seguida, recorro a um assistente de pesquisa em Stanford, altamente recomendado por um amigo e colega próximo, e peço-lhe que também passe algumas horas pesquisando o assunto. O cenário quase idêntico ocorreu: ele não encontra praticamente nada na literatura médica e psicológica, e também devo insistir para que aceite pagamento por seu tempo.

Nos dias seguintes, no entanto, os dois assistentes de pesquisa começam a me enviar mais alguns artigos de base clínica de publicações populares, por exemplo, um artigo na *Psychology Today* (novembro de 2015) intitulado "Cinco coisas que eles não dizem sobre o luto" (escrito por Stephanie A. Sarkis, uma clínica em exercício). O quinto item do artigo refere-se explicitamente à sexualidade no luto:

> Seu impulso sexual pode realmente aumentar. Para muitos, o luto diminui o desejo sexual. Para muitos outros, pode aumentá-lo. Isso pode ser especialmente conflitante para aqueles que perderam um cônjuge ou um companheiro. Mas quando as pessoas ficam entorpecidas de tristeza, descobrem que o sexo as ajuda a sentir *algo*. Também é uma afirmação da vida em um momento em que lidar com a morte se tornou parte da vida cotidiana.

Vários pensamentos nessas linhas me atingiram, especialmente a afirmação de que, quando alguém está entorpecido pela dor, o sexo ajuda a sentir algo. "Entorpecido" é um termo preciso para o que tenho experimentado: uma sensação de grande distância dos meus sentimentos. Sigo os movimentos da conversa, janto, assisto à TV, embora o tempo todo não esteja realmente ali. Mas os pensamentos sexuais parecem mais reais, resultando em um sentimento de afirmação da vida que me desperta e me tira da preocupação com a morte.

Tenho conversado com vários colegas experientes que trabalham com indivíduos enlutados, e eles concordam que a excitação sexual e a preocupação entre os enlutados é muito mais comum do que geralmente se pensa, muitas vezes mais um problema para os homens do que para as mulheres, embora, sem dúvida, seja um problema para mulheres também. Os médicos concordam com minha observação de que os clientes raramente iniciarão uma discussão sobre o aumento das sensações de sexualidade. Mas, se os profissionais perguntarem explicitamente sobre os problemas em torno da sexualidade, muitos dos enlutados responderão positivamente. Parece que a maioria dos indivíduos enlutados tem vergonha e não quer tocar espontaneamente no assunto. Em consequência, muitos relatos pessoais de luto evitam o tópico ou contêm apenas algumas referências indiretas relativas à sexualidade.

Concluo, com algum alívio, que meu estado mental excitado não é raro e, sem dúvida, o desejo sexual desempenha um papel significativo no luto. Além disso, não é fácil para os idosos serem francos sobre sua vida sexual. Eles não se sentem à vontade para compartilhá-la com a familiares ou amigos. Temem deixar os outros desconfortáveis. Tenho a sorte de ter meu grupo de terapeutas, com quem me encontro regularmente há décadas. Minha discussão naquele fórum ajuda a moderar meu desconforto.

48 dias depois

CAPÍTULO 26

IRREALIDADE

Meu filho Ben me visitou com os três filhos, de 6, 4 e 2 anos. Uma noite vi meus três netos grudados na TV, assistindo a um programa infantil sangrento e animado com monstros, criancinhas, feras e fugas milagrosas. Enojado, mudei de canal preventivamente e procurei outro programa. Logo me deparei com uma animação vívida de figuras animadas dançando ao som de "Nutcracker Suite". Apesar dos resmungos e reclamações dos meus netos, fiquei atento ao canal. Depois de alguns minutos, *mirabile dictu*, os resmungos pararam e os três assistiram ao Quebra-Nozes com muito interesse. Encantado e ansioso por compartilhar isso com Marilyn, pausei a TV por alguns segundos para apertar o botão de gravação para que Marilyn pudesse ver por si mesma. Apertei o play e as crianças assistiram alegremente.

 Alguns minutos depois, percebi. Fiquei espantado. *O que estou fazendo? Gravando isso para Marilyn assistir?*

 Marilyn está morta, eu me lembro! Muitos episódios semelhantes ocorreram.

Recentemente, um amigo me disse que a livraria do Bell no centro de Palo Alto estava exibindo de forma proeminente vários dos meus livros e os livros de Marilyn em uma mesa na entrada da frente. No dia seguinte, parei na livraria com meu iPhone na mão para tirar uma foto para Marilyn ver. Só quando estava andando pela rua em direção à livraria é que a verdade – *Marilyn está morta* – me atingiu mais uma vez.

◈

Alguns meses antes da morte de Marilyn, fizemos um passeio pela nossa rua e vimos um novo vizinho, um distinto senhor de cabelos brancos, obviamente com deficiência, sendo ajudado a descer as escadas da frente de sua casa e a entrar em um carro por uma mulher mais jovem de pele escura que, sem dúvida, supomos, era sua cuidadora.

No dia seguinte ao Natal, esses novos vizinhos (que eu ainda não conhecia) me convidaram para jantar e entoar cantigas natalinas. Cheguei à casa e fui cumprimentado pelo senhor idoso e pela cuidadora. Logo descobri que ele era um médico aposentado e que a "cuidadora" era uma médica com PhD! Além disso, ela não era a cuidadora, mas sua esposa! Ela foi encantadora e conduziu as cantigas de Natal com uma voz gloriosa! De novo, meu primeiro pensamento: *espere até eu contar a Marilyn sobre isso!* Mesmo agora, lamento não poder compartilhar isso com Marilyn.

◈

Ontem à noite eu soube que a terceira temporada de *The Crown*, seriado de TV da BBC, havia começado. Marilyn e eu assistimos à primeira e à segunda temporadas alguns anos atrás. Então comecei a assistir a terceira temporada e fiquei profundamente absorto. Gostei de assistir aos primeiros episódios, mas as cenas do episódio três pareciam estranhamente familiares. Depois de verificar mais de perto, descobri que não estava assistindo à terceira temporada, mas a episódios da primeira temporada que eu já tinha visto. Senti o desejo de contar a Marilyn – seguido rapidamente pelo retorno à realidade: Marilyn *nunca* saberá sobre esse incidente. Ela ficava preocupada, às vezes irritada, com minha memória porosa. Mas também podia imaginar sua diversão e seu revirar de olhos ao ouvir que eu havia assistido três horas de um programa antes de perceber que já o tinha visto. Enquanto escrevo estas palavras, sinto um aperto no peito. Eu daria qualquer coisa... *qualquer*... para ver aquele sorriso em seu rosto.

∽

Recebo uma carta do meu agente, lembrando-me que há algum tempo concedemos a um roteirista romeno a permissão para escrever um roteiro do meu romance *O enigma de Espinosa*. O projeto agora se transformou em uma série de TV de dez horas com um roteiro de quatrocentas páginas que precisa ser dividido em episódios. Mais uma vez, meu primeiro pensamento é "Oh, mal posso esperar para contar a Marilyn" até que, segundos depois, a sombria realidade se instala. Fico guardando o incidente, triste e sozinho. É como se o conhecimento de Marilyn sobre um evento fosse necessário para torná-lo verdadeiramente real.

Fui um estudante, observador e curador da mente em tempo integral por mais de sessenta anos, e é difícil aguentar minha própria mente sendo tão irracional. Meus pacientes procuraram minha ajuda para uma enorme gama de questões – por problema de relacionamento, por maior autocompreensão, pelo sentimento perturbador da depressão, mania, ansiedade, solidão, raiva, ciúme, obsessão, amor não correspondido, pesadelo, fobia, agitação –, isto é, toda a série de dificuldades psicológicas humanas. Atuei como um guia para ajudar os clientes a alcançar a autocompreensão, para esclarecer seus medos, sonhos, relacionamentos passados e presentes com outras pessoas, sua incapacidade de amar, sua raiva. Subjacente a todo esse esforço está a obviedade de que somos capazes de pensar racionalmente e de que a compreensão, em última análise, traz alívio.

Portanto, meus episódios irracionais repentinos são muito perturbadores. Encontrar uma parte de minha mente que obstinadamente continua a acreditar que Marilyn ainda está viva é surpreendente e inquietante. Sempre ironizei o pensamento irracional, todas as noções místicas sobre o céu e o inferno e o que acontece após a morte. Meu livro de terapia de grupo apresenta uma abordagem racional baseada em meu delineamento de doze fatores terapêuticos. *Os desafios da terapia*, meu texto sobre terapia individual, contém 85 dicas claramente descritas para terapeutas. Meu livro de terapia existencial está estruturado em torno de quatro fatores existenciais principais – morte, liberdade, isolamento e significado na vida. Racionalidade e clareza são as principais razões pelas quais meus livros são usados em tantas salas de aula ao redor do mundo. E, no entanto, aqui estou vivenciando tantos momentos irracionais!

Falo de meu desconforto com meu pensamento irracional a um ex--aluno, agora professor de psiquiatria e neurobiólogo, que responde que a memória não é mais considerada um fenômeno unitário; em vez disso, a memória é composta de sistemas distintos que podem funcionar de forma independente, ter diferentes lócus neuroanatômicos e podem até funcionar em desacordo uns com os outros. Ele descreve a dicotomia entre memória "explícita" (ou "declarativa") e memória "implícita" (ou "procedimental").

A *memória explícita* é consciente e dependente das estruturas do lobo temporal medial e do córtex cerebral. Envolve a formação e recuperação consciente de memórias de eventos que ocorreram (por exemplo, "Conscientemente, sei que Marilyn faleceu"). A *memória implícita* é amplamente inconsciente e muitas vezes está subjacente a habilidades, hábitos e outros comportamentos automáticos. É processada em diferentes partes do cérebro: os gânglios da base para as habilidades, a amígdala para as respostas emocionais. Portanto, minha dolorosa memória explícita recente de que Marilyn morreu está anatomicamente separada de meu impulso procedimental e emocional implícito bem desenvolvido de "contar a Marilyn sobre isso", quando vi nossos livros na mesa da livraria.

Essas duas memórias podem operar independentemente, quase inconscientes uma da outra, e podem até entrar em conflito uma com a outra. Essa visão, afirmou meu colega, aponta para aspectos normais do comportamento e da memória humanos, nos quais todos nós confiamos, e não implica que meu comportamento seja irracional. Seria realmente estranho depois de sessenta e cinco anos de casamento se eu *não* tivesse o impulso de contar a ela sobre nossos livros quando os vejo, mesmo sabendo que ela se foi.

⁂

Nem todo mundo *sempre* tem orgulho de sua esposa. Mas era a mais pura verdade para mim, sem dúvida. Não importa o cenário – sempre tive orgulho dela. Estou muito orgulhoso de ter sido seu marido. *Sempre* considerei a graça e o conhecimento de Marilyn como um dote. Lembro-me de como ela foi maravilhosa ao se dirigir a uma grande multidão em um auditório ou ao falar em um encontro em nossa sala de estar. Ela se destacava, não importava o cenário, não importava a competição.

Ela era uma mãe muito boa que amava seus quatro filhos e sempre, sempre, foi gentil e generosa com eles. Não me recordo em toda a minha vida de uma interação negativa entre ela e os filhos ou, por falar nisso, com qualquer outra pessoa. Já fiquei entediado ou insatisfeito com nosso relacionamento? Nunca! Eu achava tudo certo e nunca, até agora, agora que ela está morta, valorizei tão profundamente a sorte que tive por ter passado minha vida com ela.

Semanas se passaram desde sua morte e a falta que sinto dela não diminuiu. Continuo me lembrando de que a cura será lenta e que cada paciente de luto que assisti teve que passar por vários meses infelizes. Mas nunca encontrei um marido e uma esposa que tivessem uma ligação tão precoce e fossem tão próximos quanto nós.

Estou começando a me preocupar com meu prognóstico.

50 dias depois

CAPÍTULO 27
ENTORPECIMENTO

O entorpecimento persiste. Meus filhos me visitam. Caminhamos pela vizinhança, cozinhamos juntos, jogamos xadrez e assistimos a filmes na TV. Ainda assim, continuo entorpecido. Não me sinto envolvido nas partidas de xadrez com meus filhos. Ganhar ou perder não tem sentido.

Ontem à noite houve um jogo de pôquer na vizinhança, e meu filho Reid e eu fomos. Foi a primeira vez que joguei com um dos meus filhos um jogo de adultos. Sempre adorei o pôquer, mas neste jogo, neste momento, não conseguia me livrar do entorpecimento. Parece depressão, eu sei, mas ainda assim tive prazer em ver a felicidade de Reid por ganhar trinta dólares. Enquanto voltava para casa, imaginei como seria bom chegar em casa, ser saudado por Marilyn e contar a ela sobre a noite vencedora de nosso filho no pôquer.

Na noite seguinte, faço um experimento e coloco o retrato de Marilyn à vista de todos na sala enquanto meu filho, a esposa e eu assistimos a um filme na TV. Mas, depois de alguns minutos, sinto tanto aperto no peito que volto a colocar o retrato de Marilyn fora de vista. O entorpecimento resiste à medida que o filme avança. Depois de cerca de meia hora, percebo que Marilyn e eu tínhamos visto esse filme alguns meses antes. Perco o interesse em vê-lo novamente, mas, lembrando-me de que Marilyn gostou muito, honro a bizarra noção de que devo a ela assistir ao filme inteiro.

Percebo que o entorpecimento diminui nas primeiras horas do dia, quando estou imerso na escrita deste livro, e também quando trabalho como terapeuta. Hoje, uma mulher de quase trinta anos entra em meu consultório. Ela apresenta seu dilema.

— Estou apaixonada por dois homens, meu marido e outro homem com quem estive envolvida no ano passado. Não sei qual é o *verdadeiro* amor. Quando estou com um deles, sinto que ele é meu *verdadeiro* amor. E então, no dia seguinte ou depois, sinto o mesmo em relação ao outro. É como se eu quisesse que alguém me dissesse qual é o *verdadeiro* amor.

Ela discute seu dilema longamente. No meio da sessão, percebe a hora e menciona que viu o obituário de minha esposa. Ela me agradece por estar disposto a vê-la neste momento difícil.

— Eu me preocupo — diz ela — em sobrecarregá-lo com *meus* problemas quando você está sofrendo uma perda tão grande.

— Obrigado por essas palavras — respondo —, mas algum tempo se passou e acho que me ajuda se eu estiver empenhado em ajudar os outros. E também há momentos em que os problemas decorrentes da minha dor me permitem ajudar os outros.

— Como isso funciona? — ela pergunta. — Você está pensando em algo que pode ser útil para mim?

— Não estou certo disso. Deixe-me divagar por um minuto. Vamos ver… Sei que me envolver com sua vida nesta sessão me desvia temporariamente da minha. Também estou pensando em seu comentário de que você não conhece seu verdadeiro eu e que não pode saber qual desses dois homens é o *verdadeiro* que você *verdadeiramente* deseja. Eu fico pensando sobre o uso do *verdadeiro*. Acho que isso pode ser tangencial, mas vou apenas confiar em meus instintos e lhe dizer o que nossa discussão desperta em mim.

"Por muito tempo senti que um evento muitas vezes só parecia 'real' quando eu o compartilhava com minha esposa. Mas agora, semanas após a morte dela, tenho uma experiência muito estranha de algo acontecendo, e sinto que devo contar à minha esposa sobre isso. É como se as coisas não se tornassem 'reais' até que minha esposa soubesse sobre elas. E, é claro, é totalmente irracional porque minha esposa não existe mais. Não sei como colocar isso de uma forma que seja útil, mas aqui está: *eu, e somente eu, tenho que assumir total responsabilidade por determinar a realidade.* Diga-me, isso tem algum significado para você?"

Ela parece imersa em pensamentos e então olha para cima e diz:

— Isso fala comigo. Você tem razão se está insinuando que não consigo confiar em meu senso de realidade e que quero que outros – talvez um dos meus dois homens, talvez você – identifiquem a *realidade*. Meu marido é fraco e sempre segue *minhas* observações, *meu* senso de realidade. E o outro é mais forte, muito bem-sucedido nos negócios, muito seguro de si, e me sinto mais segura e protegida e confio em seu senso de realidade. No entanto, também sei que ele é um dependente de longa data, que agora está no AA e sóbrio há apenas algumas semanas. Acho que a verdade é que não devo confiar em *nenhum* deles para definir a realidade para mim. Suas palavras me fazem perceber que é *meu trabalho definir a realidade – meu trabalho e minha responsabilidade*.

Perto do fim de nossa sessão, sugiro que ela não está pronta para tomar uma decisão e deve abordar isso em profundidade na continuação da terapia. Dou-lhe os nomes de dois excelentes terapeutas e peço que me envie um e-mail em algumas semanas para me dizer como está. Ela está profundamente comovida por eu ter compartilhado tanto com ela e diz que a sessão foi tão significativa que ela não queria ir embora.

60 dias depois

CAPÍTULO 28
AJUDA DE SCHOPENHAUER

Estou ciente do longo e sombrio período à minha frente. Em meus muitos anos de trabalho de terapia individual e de grupo com indivíduos enlutados, aprendi que é necessário que o paciente passe por todos os principais eventos do ano pela primeira vez sem seu cônjuge – aniversários, Natal, Páscoa, Ano-Novo, um primeiro passeio social como um homem ou mulher solteira – antes que uma melhora substancial ocorra. E para alguns pacientes até um segundo ano, um segundo ciclo, é necessário. Quando vejo minha situação, especialmente a duração e a intensidade do meu vínculo com Marilyn, sei que estou enfrentando o ano mais tenebroso e difícil da minha vida.

Meus dias passam devagar. Embora meus filhos, amigos e colegas façam um esforço para manter contato, o número de visitantes diminuiu e agora tenho pouco desejo ou energia para estender a mão aos outros. Todos os dias, depois de responder os e-mails que chegam, passo a maior parte do tempo trabalhando neste livro, e, muitas vezes, temo terminá-lo porque não consigo pensar em nada para substituí-lo. Embora de vez em quando jante com um amigo ou um de meus filhos, faço cada vez mais refeições sozinho e passo as noites sozinho. Sempre termino o dia lendo um romance. Recentemente, comecei a ler *A escolha de Sofia*, William Styron, mas depois de algumas horas percebi que as seções posteriores do livro serão ambientadas em Auschwitz. Ler sobre o Holocausto antes de dormir é a última coisa que quero fazer.

Deixo o livro de lado e, enquanto procuro outro romance, decido que talvez seja hora de reler alguns dos meus próprios livros. Examino a estante onde Marilyn colocou ordenadamente todos os livros que eu havia escrito. Pego meus quatro romances: *Quando Nietzsche chorou*, *A cura de Schopenhauer*, *Mentiras no divã* e *O enigma de Espinosa* e folheio suas páginas.

Ah, como adorei escrever esses livros! O ponto alto da minha carreira! Tento me lembrar de como e onde cada um deles nasceu e foi escrito. A primeira lembrança que surgiu foi em Silhouette, uma pequena e adorável ilha nas Seychelles, onde escrevi os primeiros capítulos de *Quando Nietzsche chorou*. Então me lembro quando, depois de dar uma palestra sobre terapia de grupo em Amsterdã, Marilyn e eu embarcamos em uma longa viagem pela Holanda. Depois de visitar a biblioteca de Espinosa em Rijnsburg, estávamos voltando para Amsterdã quando todo o enredo de *O enigma de Espinosa* veio à minha mente.

Lembro-me de nossa visita ao local de nascimento de Schopenhauer e seu túmulo e estátua em Frankfurt, mas percebo que poderia me lembrar relativamente pouco sobre *A cura de Schopenhauer* – muito menos do que os outros romances que escrevi. Decido relê-lo – a primeira vez que reli algum de meus romances.

Quando começo a ler, minhas impressões são fortes e, na maior parte, positivas. O romance se passa em um grupo de terapia, e o que realmente me chama atenção é o personagem principal, Julius, de 66 anos. Ele é o terapeuta de grupo, descrito como um velho que, ao saber que tem um melanoma fatal, está revendo toda a vida. (Pense nisso: aqui estou eu, com 88 anos, lendo o que escrevi sobre *um idoso* de 66 anos enfrentando a morte!)

O livro tem um foco duplo: em capítulos alternados, conto a história de um grupo de terapia e a história de vida de Schopenhauer, que era um homem sábio e muito problemático. Descrevo um grupo de terapia contemporânea em que um dos membros, Philip, é um filósofo que não apenas ensina Schopenhauer, mas se parece muito com Schopenhauer em sua misantropia. Portanto, o livro não só informa o leitor sobre a vida e obra de Schopenhauer, mas também explora se Schopenhauer, um lendário pessimista e cético, poderia ter recebido ajuda de um grupo de terapia contemporânea que funciona bem.

Ler *A cura de Schopenhauer* é uma terapia poderosa para mim. Página a página fico mais calmo e mais contente com a minha vida. Na minha opinião, minhas frases são bem compostas, as escolhas de palavras são boas e acredito que consegui envolver o leitor. Como fiz isso? O cara que escreveu este livro é muito mais inteligente do que eu e sabe muito mais sobre filosofia e psicoterapia do que eu. E algumas das minhas frases me deixam sem fôlego. Eu escrevi isso? Claro, como continuo a ler, algumas críticas surgem: por exemplo, por que citei tantas diatribes antirreligiosas de Schopenhauer nos primeiros capítulos. Por que sair do meu caminho para chocar os leitores religiosos?

Estou surpreso ao perceber o quanto deste romance descreve minha própria experiência de vida. Dei a Julius, o terapeuta de grupo, muitos de meus próprios atributos e meu próprio passado. Assim como eu, ele passa por momentos difíceis com os relacionamentos no início da vida. Além disso, ele adorava apostar e administrava o mesmo tipo de loteria de beisebol que eu no colégio. Ele até gostava dos mesmos jogadores de beisebol que eu adorava – Joe DiMaggio e Mickey Mantle. Para uma das mulheres do grupo de terapia do romance, passei minha experiência com Goenka, uma eminente professora de Vipassana, em um retiro de dez dias em Igatpuri, Índia. Essa parte do romance é toda autobiográfica e retrata fielmente uma viagem à Índia que me marcou demais. Não consigo pensar em outra experiência semelhante que permaneça em minha memória com tanta clareza.

Prolonguei minha releitura do romance contentando-me com apenas um capítulo por noite, antes de apagar a luz. Agora, todas as noites, espero ansiosamente pela leitura. Minha memória envelhecida é, pela primeira vez, um trunfo: lembro-me tão pouco do livro que os acontecimentos de cada capítulo me surpreendem e divertem. Parece-me que o romance é um forte guia de ensino que demonstra como reconhecer, esclarecer e alterar os problemas interpessoais dos membros do grupo. Pelo que me lembro, este não era um dos livros favoritos de Marilyn por causa da minha forte ênfase no ensino de terapia de grupo. Também me lembro agora que Molyn Leszcz, meu bom amigo e coescritor das quinta e sexta edições do meu livro de terapia de grupo, liderou uma dramatização improvisada desse grupo de terapia em particular com meu filho Ben e outros membros de seu grupo de teatro para uma grande plateia em uma reunião anual da Associação Americana de Psicoterapia de Grupo. Que aventura maravilhosa aquela!

Enquanto continuo minha leitura noturna, fico chocado ao ler estas frases confessionais faladas por Julius, o líder, aos membros do grupo de terapia:

> Casei-me com Miriam, minha namorada do ensino médio, enquanto estava na faculdade de medicina, e há dez anos ela morreu em um acidente de carro no México. Para dizer a verdade, não tenho certeza se já me recuperei do horror daquele

evento, mas, para minha surpresa, minha dor tomou um rumo bizarro; experimentei uma tremenda onda de energia sexual.

Naquela época, eu não sabia que a sexualidade exacerbada é uma resposta comum ao confronto com a morte.

Desde então, tenho visto muitas pessoas em luto serem inundadas de energia sexual. Falei com homens que tiveram infartos catastróficos e me disseram que sentiram uma urgência sexual tão forte que agarraram as paramédicas enquanto se dirigiam para o pronto-socorro em uma ambulância.

Essa "onda de energia sexual" após a morte fictícia de Miriam e a observação de que "muitas pessoas em luto ficam cheias de energia sexual" que aparecem em meu próprio livro escrito quase vinte anos atrás predizem exatamente o que tenho experimentado após a morte de Marilyn e as mesmas coisas que meus assistentes de pesquisa e eu encontramos, após considerável dificuldade, na literatura da psicoterapia. Mas esse livro, escrito na época em que eu liderava grupos de terapia de cônjuges enlutados, havia desaparecido da memória quando chegou a hora de lidar com minha própria dor e com meus anseios sexuais intensificados que se seguiram.

Com a leitura de cada noite, aprecio mais plenamente não só ter escrito uma história cativante que agora me oferece uma ajuda considerável, mas também ter escrito um dos meus melhores guias de ensino para terapeutas de grupo. Pretendia que este livro fosse um romance didático – tanto para o aluno iniciante em filosofia quanto para o aluno de terapia de grupo. Modelei um paciente problemático, Philip, segundo Schopenhauer. Philip, um professor de filosofia especializado no trabalho de Schopenhauer, decidiu mudar de campo e se tornar um conselheiro filosófico, e seu programa de treinamento exigia que participasse como paciente de um grupo de terapia. Exatamente como o Schopenhauer da vida real, Philip era um indivíduo esquizoide, distante e isolado que tinha enorme dificuldade tanto para acessar seus sentimentos quanto para se relacionar com os outros. Cada vez que Philip era questionado sobre seus sentimentos, ele negava tê-los. Julius, o líder do grupo, regularmente lidava com isso de uma bela maneira, usando um dos meus estratagemas favoritos para ajudar esses pacientes a trabalhar. Ele perguntou a Philip: "Se você *tivesse* sentimentos sobre o que acabou de acontecer, o que *poderia* ser?".

O romance continua sendo lido e foi traduzido para trinta idiomas. Tento me lembrar onde estava no mundo quando o escrevi. Se Marilyn estivesse viva, ela me diria em um instante.

63 dias depois

CAPÍTULO 29
NEGAÇÃO REVELADA

Nove semanas desde a morte de Marilyn, e fiz pouco progresso em lidar com minha dor. Se estivesse me vendo em terapia, diria que Irv Yalom está significativamente deprimido. Está lento, sente-se entorpecido, se desespera a maior parte do tempo, perde peso, sente pouco prazer na vida, sente-se desconfortável por estar sozinho e, no geral, fez pouco progresso na aceitação da morte da esposa. Ele diz saber que vai passar pelo menos um ano se sentindo péssimo. Sente-se extraordinariamente solitário. Sabe que é essencial ficar conectado, mas mostra pouca iniciativa em buscar a companhia de outras pessoas. Sente algum prazer em pouquíssimas coisas e não tem grande desejo de continuar vivendo. Tem pouco apetite, aquece jantares congelados para as refeições e, em geral, é indiferente à comida. Sempre amou assistir a partidas de tênis, mas recentemente assistiu apenas a algumas do Grand Slam australiano na TV e, assim que seu favorito, Roger Federer, perdeu, ele parou de assistir. Ele conhece poucos jogadores mais jovens e tem muito pouco interesse em conhecê-los.

Então essa é minha observação objetiva de mim mesmo. Estou, de fato, significativamente deprimido, mas não perigosamente. Acredito que vou me curar a tempo. Escoltei muitas viúvas e viúvos através desses estágios de desespero e tenho uma ideia do que esperar. Não corro o risco de suicídio, embora não tenha grande medo da morte. Provavelmente morrerei de repente de um infarto fulminante, e devo confessar que, no momento em que escrevo, há uma parte substancial de mim que gostaria disso.

Atualmente, estou lendo uma das memórias mais interessantes de um marido enlutado, *The Widower's Notebook* (O caderno do viúvo), de Jonathan Santlofer. Encontro muita coisa em comum com a experiência do autor. Várias semanas após a morte da esposa (onde estou agora), ele tem sua primeira saída social em que fica incomodado com as muitas mulheres que flertam com ele. Ele percebe sua boa sorte: viúvos desejáveis são raros, ao passo que sempre há uma abundância de viúvas. Mas ele está confuso: deve responder aos convites sexuais das mulheres? Isso não seria uma traição de seu relacionamento com sua esposa falecida? Eu me identifico muito com seu dilema e reviso em minha mente todas as mulheres que me contataram nas semanas desde a morte de Marilyn.

Marsha, uma estudiosa francesa na casa dos sessenta anos e velha amiga de Marilyn, me convidou para jantar e nos encontramos em um restaurante próximo. Marilyn e eu frequentemente socializávamos com Marsha e o marido, e fiquei surpreso (e um pouco satisfeito) quando ela chegou sozinha ao restaurante. O marido dela, fiquei sabendo, estava viajando para a Costa Leste. Nossa conversa no jantar foi bastante íntima, e ela revelou muito sobre si mesma que eu nunca soube.

Sempre gostei e admirei Marsha, uma mulher inteligente e extremamente bonita, e, durante o nosso jantar, me peguei admirando-a mais do que nunca e me senti um pouco – não, mais do que um pouco – excitado pelas muitas vezes que ela tocou minhas mãos durante nosso jantar. Eu havia pegado um Uber para ir ao restaurante porque não dirijo mais à noite, e ela insistiu em me levar para casa, embora fosse na direção oposta da dela. Em nosso caminho para casa, me senti excitado e lutei contra o impulso de convidá-la para minha casa... e... e... e quem sabe o que pode acontecer? Mas, graças a Deus, depois de um animado debate íntimo, rejeitei a ideia.

Mais tarde, enquanto estava deitado na cama esperando para dormir e repensando em minha experiência noturna, tive um grande *insight*: "Você se identifica prontamente com a primeira excursão do viúvo Jonathan Santlofer ao mundo dos solteiros, mas, lembre-se, ele está na casa dos sessenta. Lembre-se de que você tem 88 anos. Nenhuma mulher, especialmente uma mulher felizmente casada vinte e cinco anos mais jovem como Marsha, vai dar em cima de você – ou de qualquer homem com uma expectativa de vida tão curta. Desde o início dos tempos, nenhuma mulher ficou excitada com um homem de 88 anos!".

As mulheres obviamente devem perceber que tenho uma vida curta. Aos 88 anos, quanto tempo eu tenho? Talvez um ano, dois ou três. Oitenta e oito é extremamente velho na minha família. Minha mãe morreu aos noventa, mas, fora ela, sou de longe o Yalom que vive há mais tempo. Quase todos os meus ancestrais Yalom do sexo masculino morreram jovens. Meu pai quase morreu de um infarto fulminante aos 50 anos, mas sobreviveu até os 69 anos. Seus dois irmãos morreram na casa dos cinquenta. Meu equilíbrio é instável. Ando com uma bengala e tenho um marca-passo de metal implantado que instrui meu coração quando bater. E minha crença de que as mulheres na casa dos sessenta e setenta anos se atraem por mim? Pura ilusão! ESTOU EM NEGAÇÃO. Estou pasmo com a minha ingenuidade. E, claro, a força que impulsiona a negação é a ansiedade sobre a morte – algo que explorei e sobre o que escrevi por tantos anos.

88 dias depois

CAPÍTULO 30
SAINDO DE CASA

Grandes mudanças esta semana! Participo de um evento todos os dias da semana! Não que tenha iniciado coisas novas, mas aceitei todos os convites. Acho que o verdadeiro marcador de melhora será quando eu começar a iniciar eventos.

A segunda-feira começa com um convite por e-mail:

> Olá a todos!
> Por favor, venham para nosso próximo almoço
> Barron Park Senior, em 11 de fevereiro às 13h
> ONDE? Corner Bakery Cafe
> El Camino Real, 3375 – Palo Alto
> Peça no balcão, solicite um desconto sênior de 10%.

Moro neste bairro há quase sessenta anos e nunca recebi esse convite, então suponho que esta seja uma reunião de viúvas e viúvos. Por meio de algum mecanismo desconhecido, fui colocado na lista. Geralmente sou muito tímido para participar desses eventos por conta própria, mas agora estou oficialmente sozinho... bem... Por que não? Talvez seja interessante.

Um almoço sênior! Não há dúvida de que sou sênior. Aos 88, provavelmente serei a pessoa mais veterana de lá. Não consigo imaginar alguém na casa dos noventa participando de um evento como esse por conta própria.

Estou um pouco surpreso com minha decisão de comparecer, mas acho que isso talvez leve a algo sobre o qual vale a pena escrever neste livro. E é provável que seja melhor do que outro almoço no Trader Joe sozinho.

O Corner Bakery Cafe fica a apenas alguns quarteirões da minha casa. Há cerca de vinte pessoas lá – quinze mulheres e cinco homens. Todos são agradáveis e me acolhem tão calorosamente que começo a me sentir confortável depois de apenas alguns minutos – mais rapidamente do que esperava. Tudo parece familar. A conversa é interessante, a comida é boa.

Estou feliz por ter ido e provavelmente participarei do evento do próximo mês. Suponho que encontrarei alguns dos participantes em minhas caminhadas diárias no parque a uma quadra de minha casa. Parece um primeiro passo para o meu novo mundo.

Terça-feira encontro com meu grupo regular de homens e, depois, Randy, um dos membros e um bom amigo, me leva à Stanford Book Store para uma leitura do eminente psiquiatra e antropólogo de Harvard Arthur Kleinman, que fala sobre seu novo livro, *The Soul of Care* (A alma do cuidado). O dr. Kleinman fala sobre "carinho" (e a falta disso na medicina contemporânea), e seu livro descreve seus oito anos cuidando da esposa, que sofria de uma demência rara e fatal. Adorei sua palestra e suas respostas elegantes e atenciosas às perguntas.

Adquiri seu livro e entrei na fila para receber o autógrafo. Quando chega a minha vez, ele pergunta meu nome. Quando respondo, ele olha diretamente para mim por um longo tempo e escreve no livro: "*Irv, obrigado pelo modelo de cuidado que você tem sido. – Arthur Kleinman*". Estou emocionado e orgulhoso. Nunca o tinha visto antes – disso eu me lembro. Ele mencionou que foi aluno da Escola de Medicina de Stanford de 1962 a 1966. Talvez tenha participado de uma das aulas que ministrei. Lembro-me de ter liderado muitos grupos de encontro de oito sessões para estudantes de medicina nos anos em que ele era estudante. Talvez eu mande um e-mail para ele e pergunte.

Quarta-feira, almocei com meu colega e bom amigo, David Spiegel, no Stanford Faculty Club. Não estive lá por pelo menos um ano durante a doença de Marilyn e tinha esquecido como é um ambiente agradável. Quarenta e cinco anos atrás, ouvi David falar em uma conferência de psiquiatria e fiquei tão impressionado com sua mente perspicaz e a extensão de seu conhecimento que facilitei sua indicação para o corpo docente psiquiátrico de Stanford. Somos amigos muito próximos há muitos anos.

Quinta-feira, almoço novamente no clube da faculdade com Daniel Mason, um jovem membro de nossa faculdade de psiquiatria e escritor magnífico. Por engano, chego uma hora mais cedo e caminho até a Stanford Book Store, a alguns minutos de distância. Experimento um grande prazer folheando os novos livros. Eu me sinto como Rip Van Winkle acordando. Naquela noite, uma velha amiga nossa, Mary Felstiner, vem à minha casa para jantar e assistimos ao jogo de basquete do Golden State Warrior.

Sexta-feira, almoço com outro amigo.

No sábado, tenho minha primeira hora com um treinador na academia de Stanford. Minha filha, Eve, passa a noite.

Domingo, meu filho Reid se junta a mim para jogar várias partidas de xadrez.

Esta é de longe a semana mais ativa que já tive, e estou ciente de que Marilyn tem estado menos em minha mente. Enquanto escrevo essas palavras, percebo que não tinha olhado para o retrato de Marilyn nos últimos dias e imediatamente paro de escrever. Ando os 36 metros do meu escritório até minha casa para ver o retrato de Marilyn, que está no chão da sala de estar, ainda com o rosto voltado para a parede. Pego e viro. Estou pasmo com sua beleza. Imagino que poderia entrar em uma sala lotada de mil mulheres e não veria ninguém além dela.

Então, talvez esta semana seja um presságio. Fiquei menos atormentado. Tenho pensado em Marilyn com menos frequência. *E, o mais importante, estou deixando de acreditar que ela saberá que estou pensando nela com menos frequência.*

Vejo algumas anotações que fiz apenas vinte dias depois da morte de Marilyn:

> Na sexta-feira, a assistente social da casa de repouso que trabalha com luto virá me visitar. Há rituais que podem me ajudar e que realmente não aproveitei? Por exemplo, o livro de Joan-Didion, *O ano do pensamento mágico* fala sobre um ritual de doar roupas. Não me envolvi em nada disso. Tenho deixado minha filha e minhas noras cuidarem disso, e nem sei o que foi feito. Simplesmente me desliguei de todo esse conhecimento. Talvez eu devesse ter participado doando suas roupas, livros e joias em vez de evitar tudo que tivesse a ver com a falecida Marilyn. Repetidamente, vou para a sala de estar e olho intensa-

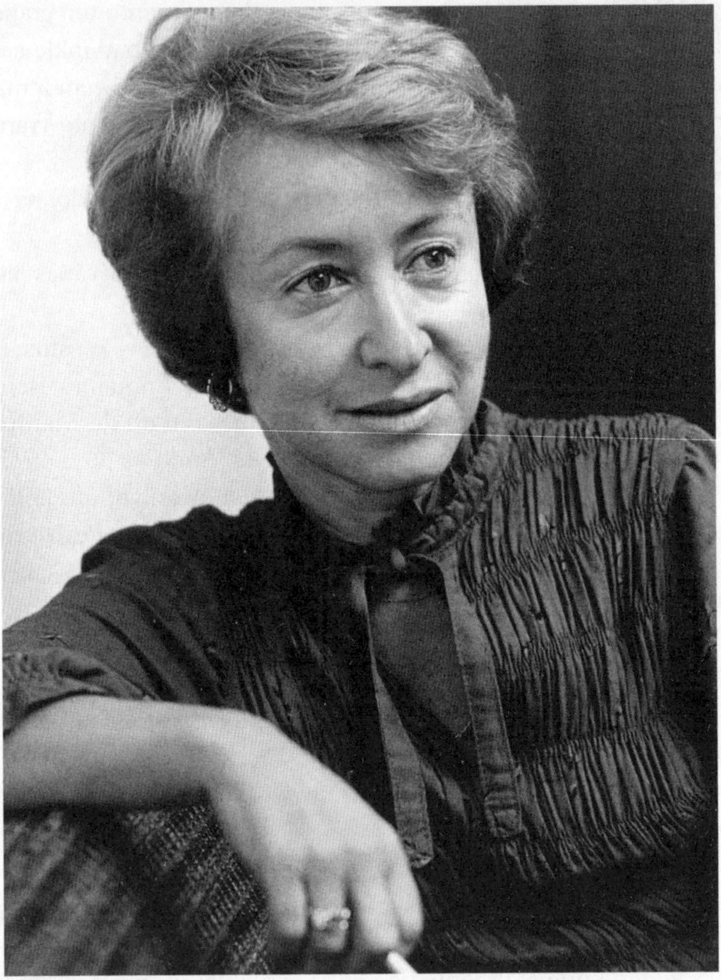

mente para o retrato de Marilyn. Lágrimas logo enchem meus olhos e escorrem pelo meu rosto. Tenho uma sensação penetrante no peito. No entanto, nada foi conquistado. Estou me afogando na mesma torrente de dor. Por que eu deveria continuar me atormentando? O que é tão estranho é a irrealidade de tudo isso. Marilyn continua pairando em minha mente. Não consigo entender que ela está realmente morta. Ela não existe mais. Essas palavras continuam a me surpreender.

Enquanto leio essas palavras agora, 88 dias após a morte de Marilyn, olho para sua foto e novamente me sinto dominado por sua beleza. Quero abraçá-la, pressionar sua cabeça contra meu peito, beijá-la. Mas há menos lágrimas e nenhuma ferida penetrante, nenhuma torrente de dor. Sim, sei que nunca mais a verei. Sim, sei que a morte me espera, que a morte aguarda todo ser vivo. No entanto, minha morte nem mesmo entrou em minha mente desde que Marilyn morreu. Embora o peso acompanhe esses pensamentos, não estou dominado pelo pavor. Essa é a natureza da vida e da consciência. Estou grato pelo que tive.

90 dias depois

CAPÍTULO 31
INDECISÃO

A indecisão é algo que tenho em comum com outros viúvos. Evito assiduamente tomar decisões. Morei em Palo Alto por quase sessenta anos. Nos últimos trinta, também tive um pequeno apartamento em San Francisco e passava parte da semana lá. Eu atendia lá os pacientes às quintas e sextas. Marilyn se juntava a mim no fim da tarde de sexta, e passávamos o fim de semana juntos em San Francisco. Mas, depois que Marilyn ficou doente, nunca mais fizemos a viagem de uma hora para lá, e meu apartamento ficou vago, exceto pelo uso ocasional por um de meus filhos.

Devo manter meu escritório e apartamento em San Francisco? Essa pergunta vem à mente com frequência. Mesmo agora, três meses após a morte de Marilyn, não saí de Palo Alto. Estou relutante em ir para San Francisco (ou, por falar nisso, para qualquer lugar). De alguma forma, parece que a viagem é mais do que posso administrar. Não me sinto mais seguro ao dirigir na rodovia, embora pudesse chegar lá com facilidade via Lyft, Uber ou trem. O apartamento fica no topo de uma colina muito alta, e me pergunto se minha perda de equilíbrio me permitirá subir e descer a colina. Tento imaginar como me sentiria indo para San Francisco, mesmo que não tivesse problemas de equilíbrio, e tenho um palpite de que, se não tivesse problemas para caminhar, ainda procrastinaria. Isso é tão atípico da minha parte: mal me reconheço. Sempre estava pronto para qualquer coisa.

Eu me preocupo com o fato de ser caro continuar pagando taxas de condomínio e impostos altos. Mas talvez, digo a mim mesmo, essas despesas sejam compensadas pela valorização do apartamento. Como acontece com a maioria das coisas, afasto isso da cabeça – evito quase todas as decisões.

O mesmo acontece com os carros. Tenho dois na garagem, ambos com cinco anos de uso: o Jaguar da minha esposa e o meu Lexus conversível. Sei que é tolice pagar impostos e seguro em dois carros que raramente são usados. Perdi a confiança em dirigir à noite e agora só uso os carros à luz do dia para rodar pela minha vizinhança, visitar amigos ou fazer compras. Talvez eu devesse vender os dois carros e comprar um novo com mais recursos de segurança, como um monitor de ponto cego que poderia ter evitado um acidente grave três anos atrás. Almocei outro dia com dois dos meus velhos amigos do pôquer. Tínhamos participado de um jogo que durou talvez trinta anos. Um deles é dono de uma dúzia de agências de automóveis, e pedi que verificasse meus carros, fizesse uma oferta e sugerisse um carro novo para mim. Espero que ele tome a decisão por mim.

Não fui a uma peça de teatro, concerto, filme ou qualquer outro evento – além da leitura na Stanford Book Store – desde que Marilyn adoeceu, há um ano. Sempre adorei ir ao teatro. Recentemente, ouvi sobre uma peça interessante encenada em um bairro próximo. Eu me forcei a convidar minha filha para ir comigo. Mas, quando terminei de procrastinar, a peça já havia saído de cartaz. São inúmeros os outros exemplos dessa procrastinação.

Recebo um e-mail mostrando os cursos de educação continuada de Stanford. Há dois cursos de grande interesse para mim: "O sentido da vida: Kierkegaard, Nietzsche e mais" e "Mestres da Literatura Americana", este último ministrado por um amigo, Michael Krasny. Ambos parecem maravilhosos. Eu me pergunto como posso chegar lá à noite. E se estiverem em prédios inacessíveis para carros ou exigirem uma longa caminhada à noite, o que não é possível para mim? Digo a mim mesmo que vou investigar. Mas há uma boa chance de eu procrastinar e deixar de frequentar qualquer um dos cursos.

É como se estivesse esperando alguém me resgatar. Eu me sinto uma criança indefesa. Talvez eu esteja pensando magicamente que minha impotência irá de alguma forma resultar no retorno de Marilyn. Não sou de forma alguma suicida, mas acredito que compreendo e tenho empatia com a mentalidade de um indivíduo suicida como nunca antes.

De repente, imagino alguém, um velho sentado sozinho, assistindo a um lindo e radiante pôr do sol. Ele é absorvido e totalmente transportado pela beleza que o cerca. Ah, eu o invejo. Desejo ser como esse homem.

CAPÍTULO 32

SOBRE LER MEU PRÓPRIO TRABALHO

Comecei a me sentir sombrio mais uma vez, e como ler *A cura de Schopenhauer* foi tão útil, decidi ler outro de meus livros. Verifico minha estante e, curiosamente, o livro que parece mais estranho é um dos meus mais recentes, *Criaturas de um dia*, uma coletânea de contos de psicoterapia publicada apenas cinco anos atrás. Sigo o mesmo padrão de leitura que usei antes: apenas um capítulo antes de dormir a cada noite. Como antes, ler meu próprio trabalho tem um efeito medicinal considerável, e quero prolongar a leitura o máximo possível. Com uma introdução, um posfácio e doze contos na obra, espero desfrutar do alívio da ansiedade e da depressão nas próximas duas semanas.

As sinopses na capa e contracapa de pessoas eminentes que eu respeito muito me impressionam. Nunca pensei que este livro contivesse meu melhor trabalho, mas esses elogios são os melhores que já recebi. Ao ler o terceiro conto, "Arabesco", que descreve minha interação com Natasha, uma pitoresca bailarina russa, fico perplexo por não conseguir me lembrar dela imediatamente. No começo me pergunto se tinha ficcionalizado uma história sobre Sonia, uma vívida bailarina romena, que era muito amiga de

Marilyn. Mas, à medida que a história avança, fica claro que Natasha era de fato uma bailarina russa com quem me encontrei apenas três vezes e tentei ajudá-la a se recuperar de um amor perdido.

Uma passagem perto do fim da história me impressiona particularmente. Ao nos aproximarmos da conclusão de nossa sessão, pergunto a Natasha se ela tem alguma pergunta para mim.

Ela apresenta uma questão audaciosa: "Como você lida com os oitenta anos e com o sentimento de que o fim se aproxima cada vez mais?".

Respondo: "Uma observação de Schopenhauer vem à mente. Ele compara a paixão amorosa com o sol ofuscante. Quando escurece anos mais tarde, ficamos cientes do maravilhoso céu estrelado que foi obscurecido pelo sol".

Na próxima página, eu li: "Valorizo os prazeres da consciência pura e tenho a sorte de compartilhá-los com minha esposa, que conheço por quase toda a minha vida". Ao ler essas linhas, percebo mais uma vez que minha tarefa agora é valorizar a consciência pura *por mim mesmo, sem Marilyn como testemunha*.

Embora eu me lembre de minha interação com Natasha com muita clareza, continuo me esforçando para trazer o rosto dela à mente, mas ele desapareceu totalmente da memória. Por muitos anos, alimentei a ideia de que alguém está realmente morto apenas quando nenhuma pessoa viva consegue se lembrar de seu rosto. Para Marilyn e eu, isso significaria que ainda persistiremos enquanto nossos netos mais novos viverem. Talvez seja parte da razão de minha tristeza quando não consigo mais me lembrar do rosto de um paciente que conheci há muito tempo. É como se estivesse soltando a mão de alguém, permitindo que caia no esquecimento.

Outra história, "Obrigado, Molly", começa no funeral de minha assistente pessoal de longa data, Molly. Encontro Alvin, um de meus pacientes, a quem atendo há um ano na terapia. Acontece que ele também contratou Molly para trabalhar para ele. Molly trabalhou para mim por cerca de dez anos e seu rosto está muito claro em minha mente, mas não consigo ver o rosto de Alvin. Acontece com todos os dez contos. Nenhum rosto me aparece, embora os acontecimentos de cada história sejam muito familiares, e o desfecho apareça em minha mente muito antes de eu chegar ao fim de cada história.

Além disso, em "Obrigado, Molly", fico impressionado quando leio um parágrafo sobre o primeiro encontro de Alvin com a morte. Um colega de turma de Alvin no sétimo ano era albino e tinha "orelhas grandes, cabelo branco eriçado sempre em posição de sentido, olhos castanhos brilhantes cheios de admiração". Ele falta às aulas por vários dias, e uma manhã o professor informa à turma que ele morreu de poliomielite. Eu havia dado ao meu personagem, Alvin, uma parte do meu próprio passado: no sétimo ano, lembro-me com muita clareza, um menino albino chamado L. E. Powell, foi a primeira pessoa que conheci que morreu. Acho extraordinário que, setenta e cinco anos depois, eu ainda o imagine em minha mente e ainda me lembre de seu nome (embora mal o conhecesse). Lembro-me dele comendo sanduíches de pepino que sua mãe lhe tinha feito no almoço. Não ouvi falar de sanduíches de pepino antes ou depois disso. Não me lembro de nenhum outro aluno da minha turma do sétimo ano. Certamente, minha lembrança de L. E. Powell provém de minha luta solitária inicial com o conceito de morte.

A sétima história tem um título cativante: "Você deve desistir da esperança de um passado melhor". Não é original, é claro: a declaração já existe há muito tempo. Mas não conheço outra frase breve que tenha uma relevância tão profunda para o processo terapêutico. Estou muito emocionado ao reler minha história, na qual trabalho com uma escritora altamente talentosa que, por muitos anos, enterrou sua escrita e seu considerável talento.

Tinha me esquecido completamente do oitavo conto, "Get Your Own Damn Fatal Illness: Homage to Ellie" (Tenha sua própria maldita doença fatal: homenagem a Ellie), e relê-lo foi fascinante. Ellie tinha câncer metastático e, no fim de sua primeira sessão, respirou fundo e perguntou: "Será que você gostaria de se encontrar comigo até eu morrer?". A história de Ellie traz de volta à mente os muitos anos em que fui assombrado pela ansiedade acerca da morte. Olhando para trás, fico impressionado com o fato de que trabalhei tão pouco o meu pavor em minha própria terapia. O assunto nunca, nem uma vez, surgiu em minhas seiscentas horas de análise. Muito provavelmente, minha analista de 80 anos, Olive Smith, estava evitando o assunto. Vinte anos depois, comecei a sentir uma grande ansiedade acerca da morte, quando comecei a trabalhar com grupos de pacientes com câncer metastático e ajudar a acompanhar muitas pessoas até a morte. Naquela época, comecei um curso de terapia com Rollo May e me concentrei muito na minha ansiedade acerca da morte, mas nunca com muito sucesso, embora Rollo sempre me incentivasse a ir mais fundo. Depois que nos tornamos amigos íntimos, anos depois, ele me disse que eu havia evocado nele muita ansiedade sobre a morte durante nossa terapia.

O câncer de Ellie era agressivo, e fiquei maravilhado com sua capacidade de enfrentar a morte usando um arsenal de ideias livres de negação, como:

A vida é temporária – sempre para todos.
Meu trabalho é viver até morrer.

Meu trabalho é fazer as pazes com meu corpo e amá-lo,
 inteiro e integralmente, para que deste centro estável eu possa estender a mão com força e generosidade.
Talvez eu possa ser uma pioneira em morrer por meus amigos e irmãos. Decidi ser modelo para meus filhos – modelo de como morrer.

Olhando para trás, acho sua coragem e o poder de suas palavras de tirar o fôlego. Eu não estava com ela quando morreu; estava em um período sabático de três meses no Havaí escrevendo um livro. Sinto que perdi uma oportunidade extraordinária de um encontro mais profundo com uma mulher de grande alma. Agora, em meio à dor, sinto-me mais perto da minha própria morte e acho muitos comentários de Ellie altamente relevantes. Ah, como eu gostaria de conseguir fazê-la reviver ao contemplar seu rosto em minha mente mais uma vez!

100 dias depois

CAPÍTULO 33

SETE LIÇÕES AVANÇADAS NA TERAPIA DO LUTO

Meus amigos sabem que estou sempre em busca de bons romances. Recebi muitas sugestões interessantes recentemente, mas, desejando continuar aproveitando os efeitos terapêuticos da leitura dos meus próprios livros, pego *Mamãe e o sentido da vida*, um livro de histórias que escrevi há vinte anos e não abro desde então. Folheando o índice, fico surpreso, na verdade chocado, ao ver o título da quarta história, "Sete lições avançadas na terapia do luto"! Ah, o sofrimento de ter 88 anos! Como poderia ter esquecido essa história tão pertinente ao meu luto atual? É, de longe, a história mais longa do livro. Imediatamente começo a ler. As primeiras linhas ativam minha memória, e toda a história vem à mente.

Começo descrevendo uma conversa com um amigo próximo, um colega de meu departamento, que me pede para tratar de Irene, uma amiga e cirurgiã da faculdade de Stanford, cujo marido tinha um tumor maligno inoperável no cérebro. Eu queria muito ser útil para meu amigo, mas assumir o amigo dele como paciente parecia difícil: estaria envolvido no tipo de limite confuso que todo terapeuta experiente deseja evitar. Ouço o alarme tocando, mas, querendo ser útil a ele, abaixo o volume. Além disso, o pedido era razoável: naquele momento específico, eu estava fortemente engajado na pesquisa sobre o impacto da terapia de grupo em oitenta cônjuges enlutados, e tanto meu amigo quanto eu estávamos convencidos de que poucos terapeutas sabiam mais sobre luto do que eu. E há mais um ponto persuasivo: Irene disse à minha amiga que eu era o único inteligente o bastante para tratá-la – o plugue perfeito para minha tomada de vaidade.

Em nossa primeira sessão, Irene imediatamente mergulha em águas profundas e relata um sonho surpreendente que teve na noite anterior à nossa sessão:

— Minha preparação para um curso envolve dois textos diferentes: um antigo e um moderno, cada um com o mesmo nome. Não estou preparada para o seminário porque não li nenhum dos dois textos. Não li em especial o primeiro texto antigo, que teria me preparado para o segundo.

— Você se lembra do nome dos textos? — pergunto.

— Claro — ela responde imediatamente. — Lembro-me claramente: cada texto foi intitulado *A morte da inocência*.

Esse sonho me parece uma "ambrosia intelectual", um presente dos deuses – o sonho de um detetive intelectual que se tornou realidade. Arrisco uma pergunta:

— Você diz que o primeiro texto o teria preparado para o segundo. Você tem algum palpite sobre o significado dos textos?

— Não um palpite! Eu sei *exatamente* o que significam.

Aguardo que continue, mas ela permanece em silêncio. Eu insisto:

— E o significado dos textos é...?

— A morte do meu irmão aos vinte anos é o texto antigo e a morte do meu marido que virá em breve é o texto moderno.

Retornamos muitas vezes a esse sonho de "A morte da inocência" e sua decisão de evitar se machucar por não permitir que os outros se importem com ela. Desde cedo, ela decidiu romper relacionamentos íntimos exatamente por esse motivo. Depois de um tempo, entretanto, ela se permitiu cuidar de um homem, alguém que ela conhecia desde o quarto ano. Ela se casou com ele e agora, muito em breve, ele estaria morrendo. Na primeira sessão, recebi uma mensagem clara, por meio de seu jeito frio, lacônico e resistente em compartilhar informações comigo, de que ela não tinha a intenção de deixar que eu me importasse com ela.

Depois que seu marido morreu, várias semanas depois de nossa primeira sessão, Irene relata outro sonho forte – o sonho mais vívido e misterioso que já ouvi um paciente descrever: "Estou em seu consultório sentada nesta cadeira, mas há uma parede no meio da sala. Eu não consigo te ver... Examino a parede: vejo um pequeno pedaço de tecido xadrez vermelho, então reconheço uma mão, depois um pé e um joelho. De repente, percebo o que é: é uma parede de corpos amontoados uns sobre os outros".

— Um remendo xadrez vermelho, uma parede de corpos entre nós, as partes do corpo – o que você acha disso, Irene? — pergunto.

— Nenhum mistério aí... meu marido morreu de pijama xadrez vermelho... e aqui e agora você não pode me ver por causa de todos os cadáveres, de todas as mortes. Você não pode imaginar. Nunca aconteceu nada de ruim com você.

Em sessões posteriores, ela acrescenta que minha vida é irreal – "calorosa, aconchegante, sempre rodeada da família... O que você pode saber *realmente* sobre perda? Você acha que lidaria melhor com isso? Suponha que sua esposa ou um de seus filhos morresse agora. Como você faria? Até aquela sua camisa listrada rosa – eu odeio ela. Eu odeio o que ela diz."

— O que está escrito?

— Diz: tenho todos os meus problemas resolvidos. Conte-me sobre o seu.

Irene me conta sobre todos os seus conhecidos que perderam o cônjuge.

— Todos sabem que você nunca supera isso... há um subterrâneo silencioso que realmente... todos os sobreviventes... o enlutado... você está me pedindo para me separar do meu marido... para me voltar para a vida... é tudo um erro... um erro de presunção de quem, como você, nunca perdeu ninguém...

Essas declarações duram semanas até que, finalmente, ela aperta tantos dos meus botões que perco completamente a paciência.

— Então, apenas os enlutados podem ajudar enlutados?

— Alguém que já passou por isso — responde Irene com calma.

— Tenho ouvido essas coisas desde que entrei em campo — atiro de volta para ela. — E apenas viciados podem tratar viciados. Certo? E você precisa ter um distúrbio alimentar para tratar a anorexia? Ou ficar deprimido para tratar a depressão? (...) E que tal ser esquizofrênico para tratar a esquizofrenia?

Mais tarde, conto a ela sobre minhas descobertas de pesquisa que mostram que cada viúva ou viúvo gradualmente se separa do cônjuge morto e que os cônjuges que tiveram os melhores casamentos passam pelo processo de desligamento com mais facilidade do que aqueles com casamentos menos satisfatórios, que sofrem por seus anos perdidos.

Inteiramente indiferente aos meus comentários, Irene responde calmamente: "Estamos enlutados aprendendo a dar as respostas que vocês, investigadores, desejam".

E assim continua por muitos meses. Lutamos, lutamos, mas continuamos atracados. Irene melhora aos poucos e, no início de nosso terceiro ano de terapia, ela conheceu um homem a quem aprendeu a amar e, por fim, casou-se com ele.

110 dias depois

CAPÍTULO 34
MINHA FORMAÇÃO CONTINUA

No início da manhã de sábado, acordei com uma forte dor no pescoço. Saio da cama com o pescoço duro e doendo, a primeira vez que experimentei esse problema. A dor persiste por uma semana, apesar de tratamentos como colar cervical, analgésicos, relaxantes musculares e alternância de compressas quentes e frias. Todos na minha idade enfrentam problemas corporais, mas este é um dos meus primeiros encontros com uma dor agravante persistente.

Na segunda-feira, mantenho minha consulta há muito agendada com um neurologista que está me acompanhando por causa de meus problemas de equilíbrio. A causa mais provável do distúrbio de equilíbrio é um pequeno sangramento no cérebro, mas várias radiografias não forneceram evidências definitivas. Além de meus problemas de equilíbrio, o neurologista se concentra em alguns dos problemas de memória que descrevo e me aplica um teste oral e escrito de quinze minutos. Acho que me saí bem, até que ele me pergunta: "Agora repita aqueles cinco itens que pedi que você se lembrasse". Não apenas esqueci os cinco itens, como também esqueci que ele havia me dado cinco itens para lembrar.

Ele parece preocupado com meu desempenho e marca uma consulta para mim em três meses para uma sessão de testes de quatro horas muito completa, em uma clínica de neuropsicologia. Não há nada que eu tema mais do que demência severa, e agora que vivo sozinho meu medo da demência piorou ainda mais. Não tenho certeza se quero ser testado, pois não há tratamento disponível.

O neurologista também expressa preocupação sobre eu continuar a dirigir. Não gosto quando toca nisso, mas, em parte, concordo com ele. Estou ciente das minhas limitações ao dirigir: distraio-me facilmente, muitas vezes me sinto desconfortável ao dirigir e não dirijo mais na rodovia ou à noite. Tinha considerado vender meu carro e o carro de Marilyn e comprar um novo mais seguro, mas a consulta me fez mudar de ideia. Convencido de que não dirigirei por muito tempo, descarto a ideia de comprar um carro novo. Em vez disso, decido vender o carro de Marilyn, que ela amou nos últimos seis anos. Ligo para aquele meu amigo que é dono de várias agências de automóveis, e ele manda um funcionário buscar o carro de Marilyn mais tarde naquele mesmo dia.

No dia seguinte, uso um colete desconfortável, que tiro várias vezes para aplicar compressas quentes e frias no pescoço. Continuo pensando sobre a preocupação do neurologista com a abordagem da demência. Mas um evento muito mais perturbador ocorre quando saio e vejo minha garagem meio vazia, uma garagem que não tem mais o carro de Marilyn. Isso gera uma onda de tristeza, e penso em Marilyn mais esta noite do que nas últimas semanas. Lamento muito ter vendido o carro dela. Ter me desfeito dele reabriu minha ferida de luto.

Este coquetel nocivo – meu corpo lidando com uma dor significativa, equilíbrio prejudicado, insônia resultante do desconforto no pescoço, o terror da memória falha, o desaparecimento do carro de Marilyn – me levou ao desespero. Por alguns dias, mergulhei na depressão mais profunda que já experimentei. No fundo do poço, permaneço inerte por horas, incapaz de fazer qualquer coisa, até lamentar.

Fico apenas sentado sem fazer nada, quase sem consciência de mim mesmo, por horas seguidas. Um amigo vem me buscar para comparecer a um jantar com os professores do Departamento de Psiquiatria de Stanford, mas no último momento ligo para ele e cancelo. Vou até minha mesa e tento escrever, mas nenhuma ideia surge e guardo minha escrita. Tenho pouco apetite e pulo facilmente as refeições: perdi cerca de 2,5 quilos nos últimos dias. Agora valorizo mais plenamente meus comentários anteriores sobre a ocorrência de obsessões sexuais – *é muito melhor sentir algo do que nada*. Não sentir nada é uma excelente descrição do meu estado de espírito nesses últimos dias. Felizmente, Ben, meu filho mais novo, chega para uma visita de vinte e quatro horas, e sua energia e bondade me animam.

Depois de mais alguns dias e algumas massagens, a dor cervical diminui e, no fim da semana, sinto-me bem o suficiente para voltar a pensar e continuar meu trabalho neste livro.

∽

Ao relembrar as semanas desde a morte de Marilyn, percebo que tive uma formação notável de pós-graduação. Experimentei em primeira mão três condições importantes que muitas vezes desafiam terapeutas.

Primeiro, havia as obsessões poderosas que eu não conseguia fazer parar: pensamentos obsessivos repetitivos sobre o massacre da Praça da Paz Celestial e sobre os seios das mulheres e encontros sexuais. Todas essas obsessões desapareceram, mas nunca esquecerei minha experiência de impotência quando tentei impedi-las.

Em seguida, a experiência de uma dor profunda e devastadora. Embora não esteja mais queimando, ainda resiste e é facilmente inflamada ao olhar para o retrato de Marilyn. Choro quando penso nela. Escrevo estas linhas em 10 de março, aniversário de Marilyn, 110 dias após a sua morte.

E, finalmente, senti um forte cheiro de depressão. Acho que nunca vou esquecer a experiência da imobilidade, da morte, de me sentir inerte e sem esperança.

Agora vejo minha paciente, Irene, por outra ótica. Como se fosse ontem, lembro-me de meu encontro com ela, especialmente de seus comentários sobre como minha vida confortável, aconchegante e afortunada me impediu de compreender totalmente a devastação de suas muitas perdas. Agora levo suas palavras mais a sério.

Irene, acredito que você estava certa. "Presunçoso e aconchegante" você me disse – e você estava certa. E se eu visse você agora, agora que vivi a morte de Marilyn, tenho certeza de que nosso trabalho seria diferente – e melhor. Não posso especificar o que faria ou diria, mas sei que teria uma experiência diferente e que teria encontrado uma maneira mais genuína e útil de estar com você.

125 dias depois

CAPÍTULO 35
QUERIDA MARILYN

Minha querida Marilyn,

Sei que estou quebrando todas as regras ao escrever para você, mas agora cheguei às últimas páginas do nosso livro e não consigo resistir a entrar em contato pela última vez. Você foi muito sábia em me convidar para escrevê-lo com você... não, não, não está certo: *você não convidou, você insistiu que eu deixasse de lado o livro que havia começado e escrevesse este livro com você*. E serei eternamente grato por sua insistência – este projeto de escrita me manteve vivo desde que você morreu cento e vinte e cinco dias atrás.

Claro, você se lembra que escrevemos capítulos alternados até duas semanas antes do Dia de Ação de Graças, quando você ficou doente demais para continuar e me disse que eu teria de terminar o livro sozinho. Estou escrevendo sozinho há quatro meses – na verdade, não faço nada além de escrever – e agora estou chegando ao fim. Estive dando voltas neste último capítulo por semanas, e agora sei que não consigo terminá-lo sem contatar você uma última vez.

Quanto do que escrevi e estou prestes a escrever você já sabe? Com total segurança, minha mente madura, científica e racional diz: "zero, nada,

nada", enquanto minha mente infantil, minha tenra, chorosa, cambaleante e emocional mente quer ouvir você dizer: "Eu sei tudo, meu querido Irv. Estive ao seu lado, acompanhando você a cada momento de sua jornada".

Marilyn, a primeira coisa que devo fazer é falar sobre e me livrar de alguma culpa incômoda. *Perdoe-me, por favor, por não olhar mais para o seu retrato.* Mantenho no solário, mas... para minha vergonha... Eu o mantenho virado para a parede!! Tentei por um tempo mantê-lo voltado para fora, para que pudesse olhar em seus lindos olhos toda vez que entrasse na sala, mas sem exceção, cada vez que olhava para sua foto, a tristeza perfurava meu coração, e eu chorava. Agora, depois de quatro meses, está apenas começando a melhorar. Por alguns minutos quase todos os dias, eu viro sua foto e olho em seus olhos. A dor diminuiu e agora, mais uma vez, o calor do amor flui através de mim. Então olho para outra foto sua que acabei de encontrar. Você está me abraçando. Meus olhos estão fechados e estou felizmente transportado.

E tenho outra confissão: ainda não visitei seu túmulo! Não tive coragem: só de pensar nisso muita dor é evocada. Mas todas as crianças visitam seu túmulo cada vez que vêm a Palo Alto.

Desde que você viu nosso livro pela última vez, escrevi cem páginas adicionais e estou trabalhando nesses parágrafos finais. Achei impossível alterar ou eliminar uma única palavra que você escreveu, então pedi a Kate, nossa editora, para editar seus capítulos. No fim, descrevo suas últimas semanas, dias, até mesmo os momentos em que estive ao seu lado, segurando sua mão, enquanto dava seu último suspiro. Então, escrevi sobre o seu funeral e tudo o que me aconteceu a partir daí.

Passei por um profundo abismo de tristeza – mas como poderia ser de outra forma, já que eu te amo desde que éramos adolescentes? Mesmo agora, pensando em como fui abençoado por ter passado minha vida com você, não consigo entender como tudo aconteceu. Como foi que a garota mais inteligente, mais bonita e popular da Roosevelt High School escolheu passar a vida comigo? Eu, o nerd da turma, a estrela do time de xadrez, o garoto mais socialmente desajeitado da escola! Você amava a França e o francês, mas, como sempre observou, eu pronunciei incorretamente todas as palavras em francês que surgiram em meu caminho. Você adorava música e era uma dançarina tão linda e graciosa, enquanto eu sou tão surdo para os tons que meus professores do ensino fundamental me pediram para não cantar nos exercícios de coro da turma e, como você bem sabe, era uma vergonha na pista de dança. No entanto, você sempre me disse que me amava e via um grande potencial em mim. Como posso nunca,

nunca ter agradecido o suficiente? Lágrimas escorrem pelo meu rosto enquanto digito essas linhas.

Os últimos quatro meses sem você foram os mais difíceis da minha vida. Apesar dos inúmeros telefonemas e visitas de nossos filhos e amigos, estou entorpecido e deprimido e me sinto muito sozinho. Eu estava me recuperando lentamente até três semanas atrás, quando vendi seu carro. Na manhã seguinte, fiquei arrasado e desesperado ao ver o espaço vazio em nossa garagem. Contatei uma excelente terapeuta e a tenho visto semanalmente. Ela ajudou muito, e vou continuar trabalhando com ela por um tempo.

Então, cerca de um mês atrás, uma pandemia de coronavírus estourou, colocando o mundo inteiro em perigo. É diferente de tudo que qualquer um de nós já experimentou e, neste exato momento, os Estados Unidos e quase todos os países europeus, incluindo a França, estão em um *lockdown* vinte e quatro horas por dia. É extraordinário – todos os nova-iorquinos, parisienses, são-franciscanos, alemães, italianos, espanhóis –, a maior parte do mundo ocidental deve permanecer isolada em suas casas. Todas as empresas, exceto mercearias e farmácias, foram fechadas. Você pode imaginar o enorme Stanford Shopping fechado? E a Champs-Élysées em Paris e a Broadway em Nova York vazias e fechadas? Está acontecendo neste exato momento e está se espalhando. Aqui está a manchete desta manhã no *The New York Times*: "Índia, Dia 1: Começa o maior *lockdown* do mundo – Cerca de 1,3 bilhão de indianos foram orientados a ficar em casa".

Sei como você teria experimentado isso: estaria sobrecarregada de ansiedade em relação a mim, a nossos filhos e a seus amigos em todo o mundo, e por todos os lembretes diários de que nosso mundo está entrando em colapso. Agradeço que você não tenha passado por isso: você seguiu o conselho de Nietzsche – você morreu na hora certa!

Há três semanas, no início da pandemia, nossa filha decidiu morar comigo temporariamente. Como você sabe, Eve está prestes a se aposentar do Kaiser. Quando seus filhos se aposentam, você sabe que está realmente velho. Seu departamento de ginecologia possibilitou que ela fizesse todos os seus atendimentos on-line nas últimas semanas. Eve foi uma dádiva de Deus. Ela está cuidando bem de mim, e minha ansiedade e depressão desapareceram. Acho que ela salvou a minha vida. Ela está garantindo que estejamos realmente isolados e não fazendo contato físico com ninguém. Quando damos um passeio em nosso parque e passamos por pessoas no caminho, usamos nossas máscaras, como todo mundo agora, e nos mantemos a dois metros de distância de qualquer pessoa por quem passamos. Ontem, pela primeira vez em um mês, entrei no carro. Fomos de carro para Stanford e demos uma caminhada começando no Centro de Humanidades indo até o Oval. Estava totalmente deserto, com exceção de alguns outros caminhantes, todos usando máscaras e mantendo distância. Tudo está vazio – a livraria, a Tressider Student Union, o Faculty Club, as bibliotecas. Nenhum aluno à vista – a universidade está totalmente fechada.

Nas últimas três semanas, ninguém além de Eve ou eu entramos em nossa casa, absolutamente ninguém, nem mesmo Gloria, nossa empregada. Vou continuar a pagá-la até que seja seguro para ela voltar. O mesmo acontece com os jardineiros que o governo ordenou que permaneçam em suas casas e não trabalhem. Pessoas da minha idade são extremamente vulneráveis e talvez eu possa morrer desse vírus, mas agora, pela primeira vez desde que você partiu, acho que posso dizer a você: "Não se preocupe comigo: estou começando a voltar à vida". Você está aqui, comigo, o tempo todo.

Tantas vezes, Marilyn, rastreio em vão minhas lembranças – penso em alguém que conhecemos, em alguma viagem que fizemos, em alguma peça que vimos, em algum restaurante em que jantamos –, mas todos esses acontecimentos desapareceram da memória. Não apenas perdi você, a pessoa mais preciosa do mundo para mim, mas muito do meu passado desapareceu com você. Minha previsão de que quando você me deixasse levaria uma boa parte do meu passado se provou verdadeira. Por exemplo, outro dia eu me lembrei que fizemos uma viagem alguns anos atrás para um local isolado, e lembro que levei *The Meditations of Marcus Aurelius* (As meditações de Marco Aurélio) comigo e, para garantir que leria o livro inteiro, não levei nenhum outro. Lembro-me de como li e reli e saboreei cada palavra. Outro dia tentei, em vão, lembrar *para onde* havíamos ido naquela viagem. Foi uma ilha? México? Onde? Claro que não é importante, mas ainda é preocupante pensar em memórias tão maravilhosas desaparecendo para sempre. Lembra de todas aquelas passagens que li para você? Lembra como eu disse que, quando você morresse, você levaria muito do meu passado com você? Na verdade, isso aconteceu.

Outro exemplo: outra noite, reli "A maldição do gato húngaro", o último conto de meu livro *Mamãe e o sentido da vida*. Você deve lembrar que o personagem principal desse conto é um ameaçador gato húngaro falante que fica apavorado ao se aproximar do fim de sua nona e última vida. É a história mais fantástica e bizarra que já escrevi, e não tenho ideia de onde, na minha vida, na minha memória, essa história veio. O que a inspirou? Teve alguma coisa a ver com meu amigo húngaro, Bob Berger? Imagino estar perguntando o que me inspirou a escrever esta estranha história – afinal, quem mais escreveu sobre um terapeuta trabalhando com um gato húngaro falante? Tenho certeza de que você se lembraria exatamente da origem do conto. Quantas vezes, Marilyn, rastreio em vão minha memória: não perdi só você, a pessoa mais preciosa do mundo, mas muitas outras coisas do meu mundo desapareceram com você.

Tenho certeza de que estou chegando ao fim da minha vida e, no entanto, estranhamente, sinto pouca ansiedade acerca da morte – estou tendo um surto de paz de espírito. Agora, sempre que penso na morte, a ideia de "juntar-me a Marilyn" me acalma. Talvez eu não deva questionar um pensamento que oferece tanto bálsamo, mas não posso escapar do meu ceticismo. Afinal, o que diabos significa *juntar-me a Marilyn*?

Você se lembra de uma conversa em que expressei meu desejo de ser enterrado lado a lado no mesmo caixão que você? Você me disse que em seus anos escrevendo sobre cemitérios americanos, nunca ouviu falar de um caixão para dois. Isso não importava para mim: eu disse que fiquei muito aliviado ao pensar em nós dois no mesmo caixão, meu corpo colocado próximo aos seus ossos, meu crânio próximo ao seu crânio. Sim, sim, é claro que o pensamento racional me informa que você e eu não estaremos lá – o que resta é carne e ossos sem alma, sem consciência e em deterioração. E, no entanto, *a ideia, não a realidade*, fornece conforto. Eu, um materialista fervoroso, descarto minha razão e me deleito descaradamente no pensamento totalmente fantástico de que, se você e eu estivéssemos no mesmo caixão, estaríamos juntos para sempre.

Claro que é irreal. Claro que nunca poderei acompanhá-la. Você e eu não existiremos mais. É um conto de fadas! Desde que eu tinha treze anos, nunca levei a sério nenhuma visão religiosa ou espiritual da vida após a morte. Porém, o fato de eu, um cientista cético e devotado, estar, no entanto, reconfortado pela ideia de me juntar à minha esposa morta é uma evidência do desejo extraordinariamente poderoso que temos de persistência e do pavor que nós, humanos, temos do esquecimento. Sinto um respeito renovado pelo poder e pela suavização do pensamento mágico.

Enquanto eu escrevia essas últimas linhas, ocorreu uma coincidência extraordinária: recebi um e-mail de um leitor que havia lido meu livro *Becoming Myself* (Tornando-me eu). Suas linhas finais:

> Mas por que, dr. Yalom, tanto medo da morte? O corpo morre, mas a consciência é como um rio correndo no tempo… quando a morte chegar, então é hora de dizer adeus a este mundo, ao corpo humano, à família… mas não é o fim.

"*Não é o fim*" — O quanto, o quão firmemente nós, humanos, desde o início da história registrada, abraçamos e nos apegamos a esse pensamento. Cada um de nós teme a morte, e cada um de nós deve encontrar uma maneira de lidar com esse pavor. Marilyn, lembro-me com muita clareza do seu comentário frequentemente repetido: "A morte de uma mulher de 87 anos que não se arrepende de sua vida não é uma tragédia". Esse conceito – *quanto mais plenamente você vive sua vida, menos trágica é sua morte* – soa muito verdadeiro para mim.

Alguns de nossos escritores favoritos defendem esse ponto de vista. Lembra de como o amante da vida Zorba, de Kazantzakis, pediu: "Não deixe a morte com nada além de um castelo destruído". E lembra daquela passagem de Sartre, na autobiografia dele, que você leu para mim: "Eu ia calmamente até o fim... certo de que a última explosão de meu coração seria inscrita na última página de minha obra e que a morte levaria apenas um homem morto".

Sei que existirei em forma etérea na mente daqueles que me conheceram ou leram minha obra, mas, em uma geração ou duas, qualquer um que já me conheceu pessoalmente terá desaparecido.

Vou terminar nosso livro com as inesquecíveis palavras de abertura da autobiografia de Nabokov, *Fala, memória*: "O berço balança acima de um abismo, e o bom senso nos diz que nossa existência é apenas uma breve fenda de luz entre duas eternidades de escuridão". Essa imagem cambaleia e acalma. Eu me inclino para trás na cadeira, fecho os olhos, e me consolo.

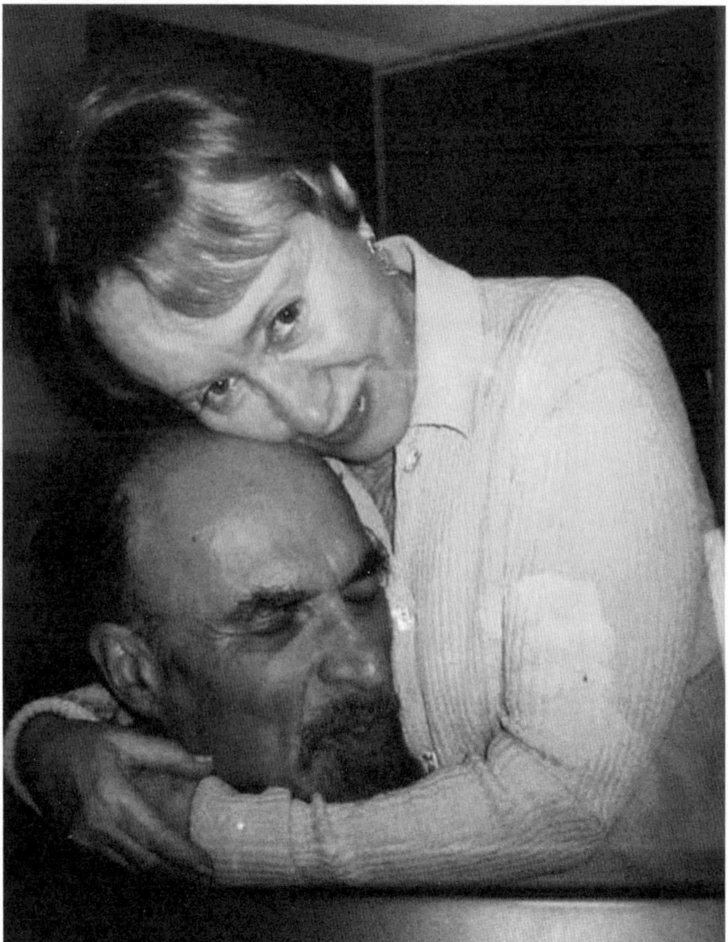

ELOGIOS A *UMA QUESTÃO DE VIDA E MORTE*

"Por mais de meio século, o eminente psiquiatra Irvin Yalom deslumbrou o mundo com histórias sobre a psique humana repletas de sabedoria, *insights* e humor. Agora, com espantosa franqueza e coragem, compartilha conosco a experiência mais difícil de sua vida: a perda de sua esposa e inabalável companheira desde a adolescência. Parceiros até o fim, incluindo na redação deste livro, compartilham um retrato indelével do luto – o terror, a dor, a negação e a relutante aceitação. Mas o que nos deixam é muito mais do que uma história penetrante de uma perda duradoura – é uma história inesquecível e dolorosamente bela de amor duradouro. Ficarei pensando sobre isso nos próximos anos."

– Lori Gottlieb, autora de *Talvez você deva conversar com alguém: uma terapeuta, o terapeuta dela e a vida de todos nós*, best-seller do *The New York Times*

"Estas belas, comoventes e edificantes memórias são uma história de amor, um conto de duas vidas incrivelmente realizadas que foram vividas quase como uma, a soma acabou sendo muito maior do que as partes. Elas irão inspirá-lo e talvez movê-lo a olhar de forma diferente para a sua vida – foi o que aconteceu comigo."

– Abraham Verghese, autor de *Cutting for Stone*

"Os Yalom não são apenas honestos, mas incrivelmente generosos com seus leitores. Este livro tem lugar imediato no cânone de grandes memórias do fim da vida."
– Caitlin Doughty, fundador da The Order of the Good Death

"*Uma questão de vida e morte* é uma doce reminiscência e um caminho para a descoberta. Dois eminentes professores, autores e parceiros ao longo da vida lutam contra o envelhecimento, a fragilidade e a morte. No processo de honesto enfrentamento da precariedade da vida, chegam a uma apreciação mais profunda de sua preciosidade."
– Frank Ostaseski, autor de *Os cinco convites: descobrindo o que a morte pode nos ensinar sobre viver plenamente*

"*Uma questão de vida e morte* é muito mais do que um livro. É uma história de amor infatigável. É um texto que atravessa o passado e o presente. É requintado, sincero e vulnerável – sem as comuns defesas de pretextos e pretensões – à medida que se aproxima da insustentável dor da separação e do anseio implacável acerca da perda. Todas as pessoas se beneficiariam com as múltiplas leituras deste livro inteligentemente empático, tanto para enfrentar a morte conforme avançamos em direção a nossa própria mortalidade quanto, e, talvez, mais importante, a tristeza quando alguém tão amado nos precede na morte. Sinto-me profundamente enriquecido por ter assimilado essa narrativa íntima enquanto enxugo as lágrimas dos olhos. A história de amor de Irv e Marilyn, terminando na tragédia dos términos, é sua, minha e toda nossa."
– Dra. Joanne Cacciatore, autora de *Bearing the Unbearable: Love, Loss, and the Heartbreaking Path of Grief*

"Este é um livro notável – tão notável quanto seus autores, Irv Yalom, o mestre terapeuta existencial e autor amplamente lido, e Marilyn Yalom, uma talentosa estudiosa e escritora. Reunindo uma coragem imensa, os Yalom coescrevem a história de seu cuidado emocional e moral um pelo outro. *Uma questão de vida e morte* é o ápice das buscas, ao longo da carreira dos Yalom, por sabedoria na arte de viver e morrer. É um livro que transforma o leitor – não consegui parar."

– Arthur Kleinman, autor de *The Soul of Care: The Moral Education of a Husband and Doctor*

**Acreditamos
nos livros**

Este livro foi composto em Fairfield LT Std
e impresso pela Geográfica para a Editora
Planeta do Brasil em outubro de 2021.